人性的弱点

HOW TO
WIN FRIENDS
AND
INFLUENCE PEOPLE

[美] 戴尔·卡内基 著
DALE CARNEGIE

周芳芳 —— 译

中国出版集团
中译出版社

Simplified Chinese Translation copyright © 2023 by China Translation & Publishing House
HOW TO WIN FRIENDS AND INFLUENCE PEOPLE (REVISED AND UPDATED)
Original English Language edition Copyright ©1936 by Dale Carnegie
Copyright renewed © 1964 by Donna Dale Carnegie and Dorothy Carnegie
Revised edition copyright © 1981, 2022 by Donna Dale Carnegie and Dorothy Carnegie
All Rights Reserved.

著作权合同登记号：图字 01-2023-1847 号

图书在版编目（CIP）数据

人性的弱点 /（美）戴尔·卡内基著；周芳芳译 . -- 北京：中译出版社，2023.6（2024.4重印）
　书名原文：How to win friends and influence people
　ISBN 978-7-5001-7407-3

Ⅰ.①人… Ⅱ.①戴…②周… Ⅲ.①成功心理—通俗读物 Ⅳ.①B848.4-49

中国国家版本馆 CIP 数据核字（2023）第 088153 号

人性的弱点

著　　者：[美] 戴尔·卡内基
译　　者：周芳芳
策划编辑：刘　钰
责任编辑：刘　钰　刘　畅
营销编辑：赵　铎　魏菲彤
版权支持：马燕琦
出版发行：中译出版社
地　　址：北京市西城区新街口外大街 28 号普天德胜大厦主楼 4 层
电　　话：（010）68002494（编辑部）
邮　　编：100088
电子邮箱：book@ctph.com.cn
网　　址：http://www.ctph.com.cn

印　　刷：北京中科印刷有限公司
经　　销：新华书店
规　　格：1230 mm×880 mm　1/32
印　　张：9.25
字　　数：165 千字
版　　次：2023 年 6 月第 1 版
印　　次：2024 年 4 月第 2 次印刷

ISBN 978-7-5001-7407-3　　　　定价：59.00 元

版权所有　侵权必究
中译出版社

谨以此书献给一位无须阅读此书的人

——我的挚友 霍默·克罗伊

推荐序 1

唤醒内在的天使，激发赞美的力量

李希贵

北京第一实验学校校长

截至 2022 年底，全世界已有近 2 亿种图书出版，远非"汗牛充栋"可以形容。不过非常遗憾的是，能被读书人真正称为"案头书"的却不可多得，能够长期作为案头书的，更是凤毛麟角。然而，对我来说，《人性的弱点》是一个例外，自从 20 世纪 80 年代被引入中国，在接近 40 年的时间里，这本书一直是我的案头书。

我之所以能够如此经年累月品读这样一本书，是因为我在人生和工作的不同时期常读常新，它每每给我不一样的启发。这本不过 10 多万字的著作，在很多方面深刻地影响了我。

首先，作者戴尔·卡内基规避了东西方关于人性善恶的哲学纷争。在几千年的人类文明史里，关于人性善恶之争一直相持不下、难解难分，由此诞生的学说更是各执一词。我们这些并非专门研究哲学问题的人常常陷入纠结。当我们希望从中寻求思维的坐标或者行动的指南时，不免左右为难。作为 20 世纪美国最伟大的心灵导师，卡内基避开了这些高深的哲学问题而给我们另辟蹊径。

在作者看来，人性无所谓善恶，每个人心里同时住着一个魔鬼和一个天使——魔鬼睡觉时，个人行为就像天使；天使打盹时，个人行为就像魔鬼。因此，每个人都应该妥善管理好自己内心的魔鬼，尽最大可能让魔鬼沉睡，让天使起舞；对每一位管理者来说，则应该通过组织规则的构建，造就组织内天使跳舞的平台和魔鬼沉睡的冷柜。

1987年，我被任命为山东高密四中副校长，由于年轻，缺乏管理经验，更缺乏人生历练，我在学校管理方面遇到了很大的挑战，尤其面对一些消极落后的现象，不仅难以理解，而且无力解决。恰好这个时候我去济南出差，在山东师范大学的书店里发现了这本刚刚出版不久的"五角丛书"，完全可以用"如饥似渴"来形容我当时的感受。我甚至认为，这本书是为我量身定制的，所有的困惑、烦恼和不快，似乎都得到了消解。卡内基告诉我们，不要抱怨任何人，每一个人都是天使和魔鬼的结合体，我们面对的那些魔鬼，往往是我们给唤醒的，甚至是我们给养大的。

从此，我从卡内基的书里寻找智慧，尝试着改变自己，改变自己的思维方式，改变与别人打交道的方式，改变学校可以改变的规章制度……慢慢地，我竟然也看到了别人的改变，校园里也出现了一大批愉快飞舞的天使，管理开始进入良性循环。

戴尔·卡内基给我另一个方面的影响是有关赞美的，他似乎比任何人都更相信赞美的力量。作为影响了一个时代的成功学大师，卡内基超越了教育学家、管理学家和社会学家们对赞美的推崇，以人们容易接受的方式，不遗余力地向我们"推销"赞美的力量，通过司空见惯的事例，让我们醍醐灌顶。

我到现在还清晰地记得，1987年的那个秋天，我从济南带着那本刚读完的书回到学校，刚好赶上学校的表彰大会。因为担心会议时间太长，筹办者希望删去一部分议程，其中就包括不再宣读获奖学生名单。因为卡内基的影响，我表达了不同意见。我认为，宁愿删去领导讲话的环节，也要保留宣读学生名单的议程，尽管名单很长，全部宣读需要十几分钟时间，但我们仍然要不厌其烦。因为对每一个学生来说，自己的名字都非常重要，正如卡内基所言，每个人都对自己的名字倾注了深情。

最后，大家还是同意了我的建议，当然，宣读那些看上去枯燥而又冗长的名字，也成为整个会议气氛最为热烈的环节。这使我愈加信服卡内基的忠告："名字是任何语言中最甜美、最响亮的声音。"

伟大的心理学家汉斯·谢耶也说："我们有多么渴望赞许，我们就有多么讨厌受到谴责。"在卡内基看来，几乎每个人都应该调整赞美和责备的比例，无论你是在经营一个家庭，还是管理一个公司，或是作为一名普普通通的员工，你都必须随时按捺住天性中喜欢责备的偏好，因为，责备无须"备课"，它可以脱口而出，而赞美却需要费心斟酌。

于是，我们把荣誉体系建设看得和薪酬体系、福利体系一样重要，在校园里想方设法给人们以微笑、温暖和嘉许，并为此百计千心。我把卡内基的这个提醒，转化为对无数家长的忠告——在我的《家庭教育指南》里，我建议广大家长颠倒赞美和批评的比例，这也被大家认为是最挑战自我习性也最富有成效的家教原则。

　　换位思考，心里装着对方的需求——这也是卡内基从理性上给我的重要提醒。卡内基认为，这世上唯一能够影响他人的方法是，谈论他们之所需，并且指引他们到达目的地。

　　不瞒你说，在接触卡内基之前，我并不了然换位思考的价值，一切仅从自己朴素的意念出发，即使为了对方，也是想当然地自作主张，并不想知道对方是否认可。在相当一段时间里，吃力不讨好成为管理工作的常态，其根源就在于缺乏换位思考的意识。

　　全心全意盯着组织目标并不及其余，也是可以理解的管理者的通病，但根源同样是换位思考的缺失。卡内基用生活中那些鲜活而常见的案例告诉我们，管理者最不可忽略的是组织成员的个人目标，如果我们不去关心每个组织成员的自我实现，那么，他们就会自怨自艾，管理者自认为神圣的组织目标也就不会有员工真正关注并努力实现。

　　卡内基和《人性的弱点》让我慢慢走出管理的误区。每一次，当我们需要设定组织目标的时候，我们都会不时地回到个人的视角审视，看看组织目标里是否融入了个人目标，如何让每个岗位的员工都找到工作的价值进而发现人生的意义。几十年的管理实践告诉我们，如果领导力只强调一种要素，那么换位思考应该是第一选项。

　　近年来，每当我遇到一些过去的同事或者朋友，他们总是提到卡内基，因为，在他们的书架上，总有一本《人性的弱点》，有的朋友还不止一本，这些书大都是我送给他们的。每当发现一个新的版本,我都会买来进行比较研究,并和朋友们分享。一直以来,我的内心都有一个"个人董事会",其中的每一名成员,都是可以给我智慧的智者,而戴尔·卡内基是最早且从未卸任的"元老"。

也许,你对卡内基还不是特别了解,但是,你一定了解爱迪生、甘地、迪士尼、爱因斯坦和希尔顿……这些了不起的大人物都承认,在他们人生的关键时刻,都曾经受到卡内基及《人性的弱点》这本书的重大影响。写到这里,相信你一定明白了我要给出的建议,是的,《人性的弱点》值得成为你的案头书,与你风雨兼程。

推荐序 2

如何拥有幸福、满意、无悔的人生

郑玫

北京大学环境科学与工程学院教授

当我第一次读《人性的弱点》这本书时，瞬间就被它深深迷住了，因为这本书围绕一个我们每一个人都非常关心的问题：如何赢得朋友，获得幸福。它通俗易懂、层层深入，对人性的弱点进行了全面的剖析和总结。本书作者戴尔·卡内基先生在全世界享有盛誉，被誉为"20世纪最伟大的成功学导师"之一，教授人际沟通和处理压力的技巧。《人性的弱点》是对社交技巧的总结，该书充满了积极向上的进取精神，指导人们走出迷茫，获得成功。这本书出版后风靡全球，极受欢迎，先后被译成多种文字。

喜欢一本书，对我来讲，首先是喜欢作者本身。戴尔·卡内基先生本人的人生经历就极富吸引力，他出生于美国密苏里州的一个小镇，家境贫寒。成年后他在纽约为商业界人士开设一个公开演讲班，最终成就了世界知名的成人教育事业。卡内基先生开创的课程帮助和影响了世界各地的学员，使成千上万的人受益匪浅。我想，他一定是一个非常有爱心的人，发自内心地帮助他人成功，激励他们收获辉煌的成绩。他鼓励每一个学员追求自我发展，他的教学成果卓有成效，这也成就了卡内基先生非常有意义的一生。

人人都希望拥有幸福、满意、无悔的人生，那么，是什么阻碍了我们呢？这是一个我们每一个人都关心的话题，是重要的课题和研究对象，甚至一生都有学习的空间。在我们成长的过程中，如果只关注成绩和分数，那么很难在未来的人生中获得真正的成功与幸福。戴尔·卡内基先生的这本《人性的弱点》是一本强调实践的、传授如何与人相处和获得快乐人生的书！

如何与人友好相处是一门科学，也是一生的必修课。正如《洛克菲勒写给儿子的38封信》一书中所说"儿子，世界上只有两种人头脑聪明：一种是活用自己的聪明人，如艺术家、学者、演员；一种是活用别人的聪明人，如经营者、领导者。后一种人需要一种特殊的能力——抓住人心的能力"。因此，如何与人相处是非常重要的能力，我们必须思考，面对每天生活、工作中的挑战，应该如何处理。本书列出了多种实用技巧，如果能付诸实践，定会收获良多。

例如，书中提到，如果能洞悉人性的多种弱点，并富有同理心，就能更好地解决生活中的难题。如果我们直接批评对方，即使对方是错的，也会毫不客气地进行反击。我们需要理解他人，站在别人的角度和出发点看待问题。己所不欲，勿施于人。我们希望别人如何对待自己，就应该如何对待他人，如果从这样的角度出发，很多问题就能迎刃而解。

为什么要与他人友好相处并恰当地处理各种复杂情况呢？因

为如果不懂得这些原则和知识，会导致我们痛苦、忧虑、不安，直接影响我们的健康和幸福感，影响工作效率，阻碍职业发展。调查发现，人们首先非常关心自己的健康，其次关心自己与他人的关系，尤其是如何理解别人、如何让别人喜欢自己，包括如何影响和说服别人。如果能成功做到这些，那么相信这个能赢得朋友的人也必然是更容易得到快乐和健康的人。

哈佛大学的幸福课之所以如此受欢迎，就是因为幸福其实不那么容易获得。除了个人奋斗和自身努力外，随着年龄的增长和接触的人群越来越多样化，需要处理的问题也更为复杂和多样，已有的技能性的知识就显得不完全够用了。卡内基先生的书中所传授的人际交往知识至关重要，它可以成为你能否保持健康、职业发展是否顺利的关键因素之一。

卡内基先生的这本书广受欢迎，有其独特的魅力和特点。他通过不断地探索，形成了一套完整、独特、有效的教学方法。首先，这是一本关于人际关系的实际操作手册，是基于大量的得到证实的有效方法的总结。卡内基先生在阅读了大量著作和采访了很多成功人士后，结合自身教学经验，提炼出一篇很短的题为"如何赢得友谊并影响他人"的演讲稿，并将内容扩大、充实，最终形成整本书，作为训练的教材指导成人学员在实际生活中应用并实践，所以该书是以解决问题和获得实际效果为导向的，非常强调适用性和学以致用。其次，这是一本充满乐趣和智慧的书，展示了很多普通人通过努力和应用书中原则取得成功的故事。本书展示了一封沟通函在修改前后的不同，使读者能清晰地看到若稍做改变，比如表达方式的不同、所站的角度不同，那么效果也有显著的差别，正如"change the word, change the world"。最后，你会发现这本书总结全面、到位，所提出的原则具有普适性，适用于不同年龄段的人。虽然美国的卡内基培训班最开始是针对成人的，但后期也拓展到青少年群体，如果在青少年阶段就能学习到这些原则，就会积累更多处理各种难题的经验和体会。我们培养的学生将不仅是学习上的佼佼者、课堂上的优秀生，而且是能理解他人、赢得朋友、具有领导力的未来人才！

朋友们，我愿把这本书介绍给你，相信你能从中受益，助你创造成功幸福的人生！

推荐序 3

实现真诚、尊重与双赢的沟通宝典

郑斐

卡内基训练®（北京）董事总经理
卡内基训练® 全球认证 Master Trainer

接到中译出版社为《人性的弱点》（也曾被译为《卡内基沟通与人际关系》和《如何赢得友谊并影响他人》）写序的邀请时，无论是作为此经典著作的一名忠实读者，还是作为作者戴尔·卡内基（也曾被译为戴尔·卡耐基）先生所创办的机构——卡内基训练在北京的传承者，我都倍感荣幸！此前我已经阅读此经典著作三十多遍了，并且仍会每年重温一两遍，为什么这本书值得我看了又看呢？

我从工作和生活中各列举一个受益其中的亲身经历。

在职场中，我们会面临很多维度的沟通与人际关系，比如与领导、同事、客户、供应商等，有彼此相互欣赏、信任和成就的，也有彼此缺乏真诚、尊重和双赢的，如果提到最紧密又最具挑战性的职场人际关系，你想到的是哪一种？

对我来说，是合伙人之间的沟通与合作，我很有幸得到了赵卜成老师和陈真老师的栽培和信任，以及在同人们的力挺下，在 2017 年和柴国炳老师共同接棒，经营卡内基训练北京团队。虽然在成为合伙人之前，我们已经有七年的共事经历，但很多合伙人之间都会面临的挑战我们同样有过，比如经营理念、沟通方式、个性、年龄、性别、成长背景等诸多差异，尤其是在合伙的第一年发生了一些在现在看来不必要的内耗甚至是冲突，比如双方的分工、定位、利益分配等，在此过程中我们的沟通合作关系的演变可以被比喻成"哈哈镜"（看到的彼此是扭曲变形的）、"磨刀石"（不断地磨合的同时也在磨掉彼此身上的"棱角"）、"放大镜"（欣赏对方身上的优势），如今我们是彼此的"后视镜"（取长补短）。我们已经合伙超过六年，深切感受到的是相互欣赏、优势互补、成就彼此的合伙关系，这一方面得益于赵老师和陈老师送给我们合伙关系的四字箴言——尊重差异，另一方面也归功于我们都愿意在共事合作的过程中多运用书中一些很重要的沟通与处理人际关系的技巧。例如，"给予他人真诚的赞美""诚挚地让对方感到自己很重要"等。这些人际关系原则同样适用于其他沟通对象。

大概在我儿子上小学六年级上半学期的时候，突然连着几天，我发现只要我下班回到家，孩子就立即把他的房间门关上，基本上很少与我交流。我预感到这是个不妙的苗头，内心有点儿焦虑和惭愧：焦虑的是，如果往后几年的沟通相处都是这种状况，岂不是很不舒服？惭愧的是，自己作为拥有12年经验的卡内基训练讲师，面对自己青春期的孩子仍免不了亲子沟通的烦恼。

于是，我选择了主动沟通并谈论他感兴趣的话题，哪怕有些话题在家长看来不应该和孩子交流或自己压根不感兴趣，但能让他开口与我沟通就够了，于是我就问他对什么纪录片或游戏比较感兴趣。开始几天，他有一搭没一搭会应我几句，我想他只要愿意打开房间门、愿意和我开口沟通就是阶段性的亲子关系改善成果。2019年，我在广西参加了黑幼龙老师的一场公益亲子情商讲座，他分享道："如果每位家长每天在与孩子沟通时，愿意看着孩子的眼睛认真聆听15分钟，就已经可以参加全国最优秀父母的评选了。"后续在与孩子的沟通中，我时常会想起这句话并要求自己做到。

在撰写此序时，我的孩子已经上初三了。这三年多时间，我们保持着充分的沟通。他非常喜欢B站的一些UP主的视频，比如奇葩小国、历史人物、经典电影解说等，我们会约定一起观看。现如今，我下班回到家，送给他的回家礼物必是一个拥抱，他给我的回家礼物就是一起看一段他推荐的视频，看的过程中和看完之后我们会围绕所看的经典视频展开更多的话题交流，正因为日常保持着类似高质量的亲子沟通，我更能了解到他对什么真正感兴趣，他对未来的规划和思考是什么，他在学校和哪些同学或哪些老师关系比较要好，他对一些人物和事情的分析和看法的依据是什么等，并有机会适时给予引导、鼓励和支持，这也为我减少了作为青春期家长的很多烦恼，增加了许多和孩子相处的乐趣。

如果你在与孩子或其他家人沟通相处过程中也遇到了不愉快或挑战，不妨尝试运用书中提到的重要人际关系原则：不批评，不指责，不抱怨；谈论对方感兴趣的话题等。

戴尔·卡内基先生在书中列举了大量精彩的建立信任、达成合作和发挥领导力的经典案例,尽管有些案例距离今天已经比较久远了,但很多沟通与处理人际关系的经典原则和技巧可以跨越历史的长河,正如卡内基先生在书中致敬孔子一样。

我们相信,每个人都有与生俱来的卓越性!期待更多读者朋友和学员朋友从《人性的弱点》中收获成长的喜悦!

前言

懂得如何与他人相处才会成功

唐娜·戴尔·卡内基

作为戴尔·卡内基的女儿,有机会为大家介绍《人性的弱点》最新版本,我欣喜若狂。对于本书,大家期待已久。本书在更新了诸多内容的同时,保留了原有的语言风格和大部分内容。虽然本书首次出版于1936年,但其内容历久弥新,更显活力和价值。本书曾在一代又一代读者中风靡,相信也能在今天的读者中引起共鸣。《人性的弱点》如今已是家喻户晓,在各个领域,如漫画和小说等,经常被引用、转述和模仿。但在本书最初出版之际,没有一人预料到会产生如此巨大的反响,连我父亲也很震惊,这一点的确出人意料。1981年,我的母亲多萝西·卡内基翻阅此书(也是唯一一次)后,这样描述道:

1936年,本书首版只刊印了5000册。戴尔·卡内基和西蒙与舒斯特出版公司并没有对此书的销售寄予过高期待。但令他们惊喜的是,本书一经出版,瞬间引起轰动,为了满足公众的需求,不得不一版再版。

《人性的弱点》成为有史以来全球最畅销的图书之一，并在出版史上占据了一席之地。时至今日，本书不断增长的销售量充分证明了，该书不仅触动了人们的神经，同时也满足了人性的需求。这种需求风行，并非大萧条后期独有的现象。本书被翻译成多个语言版本，每一代人都能从中找到共鸣，发现对自己有价值的东西。

今天，距离母亲写这段话已经过去40多年了，但其中的方法依然适用。迄今为止，本书销量已超过3000万册，它不仅是自助类书籍的典范，甚至可以说，它是同类书籍的开山鼻祖。和现在不同，1936年本书首次出版之际，自我提升类书籍并不多见。提升自己通常意味着改善餐桌礼仪，或者提高艺术和文学鉴赏力，但没有一本书是教你如何为人处世的。懂得如何与他人相处才会成功，否则等着你的只有失败。

戴尔·卡内基想要改变这种情况。他意识到，人际交往的能力是可以习得的。多年来，卡内基一直致力于成人教育。最受欢迎的要数卡内基训练，名义上这是一门公开演讲课程，但内容远不止这些。他认为，公开演讲不仅有助于增强自信，提高表达能力，还可以帮助人们找到人生方向，实现自我提升。在父亲眼中，公开演讲培训既充满了挑战，也带给人满足感。随着他的事业蒸蒸日上，他变得异常忙碌，在利昂·希姆金联系他之前，他根本没有想过能根据自己的课程写一本书。

利昂·希姆金当时是西蒙与舒斯特出版公司的一名编辑，他才华横溢、前途无量。1934年，他在听了我父亲的一场演讲后，十分感兴趣，报名参加了卡内基训练。仅仅上了几次课后，课堂经历就给他留下了深刻印象，因此他建议我父亲根据课程写一本书。

一开始，父亲对出书并不感兴趣，也不想因为写书耽误上课。但利昂·希姆金一直没有放弃。他认为，"为人处世之道"有巨大的潜在市场，并建议我父亲根据演讲录音整理出一个大纲。就是在整理大纲的过程中，父亲看到了希望，开始专心著书。

但我父亲总说："《人性的弱点》并非我原创，我只是收集者。我做过很多演讲，旨在帮助人们更好地应对生意和社交生活，反过来，他们也和我分享成功秘诀。我只是把这些内容收集起来，落到纸上。"当时，父亲并没有想到，这本书会受到那么多人喜欢，数量远远超过他培训课的成员。

20世纪30年代中期，大萧条的影响开始逐渐减弱。虽然欧洲局势紧张，战争一触即发，但在美国，人们已开始展望未来，恢复经济生产和正常生活。经历了10年的经济衰退，人们对未来小心翼翼，但与此同时，对营造一个更美好的未来，充分发挥个人潜力，人们仍满怀期待。《人性的弱点》应运而生。

《人性的弱点》一经出版，立刻引起公众共鸣，带来强烈反响，上市3个月就销售了25万册。时至今日，该书一直十分畅销，可见人们内心都渴望与他人交流，获得自身成长。

至此，可能有人要问了：该书既然已经证明了自身价值，成为人们心中一部经久不衰的经典，为什么还要进行修订呢？这样做是否会毁了这部经典？

我母亲在1981年的另一段话很好地回答了这个问题。

要回答这个问题，首先我们必须说明一点，我丈夫一生中对工作一直秉持着精益求精的态度，凡事力求尽善尽美。在授课过程中，随着听众的日益增多，人们的需求也不断变化，他也据此不断完善改进自己的课程。如果他今天依然健在，我相信他一定会亲自操刀更新修订本书，以满足该书出版以来世界日新月异的文化变迁。

新修订的版本延续了父亲一贯的写作风格，在保留了原作重要内容的同时，与时俱进，紧跟新一代读者的心理需求。该书是我父亲口述创作完成，因此带有明显的中西部农村（父亲的故乡）特色、热情洋溢、通俗易懂。对此，我们并不打算做任何修改。我们保留潇洒不羁的卡内基写作风格——其中甚至包含20世纪30年代的俚语。他的声音铿锵有力，极具鼓舞性，激励读者彻底改善自己和家人、同事以及其他人之间的关系。

我们没有改变《人性的弱点》，只是稍做润色。我们无意改变经典，也不愿削弱父亲振聋发聩的声音。

本书删除了一些对当代读者来说较为陌生的事例，或者我们觉得与当代脱轨的人或事，包括后来在1981年修订版中增添的一些内容。为了尽可能还原原作，同时适应时代需求，此版本的修订是以1936年的第一版为基础展开的，即最初未经任何修订的原始版本。

如果只把《人性的弱点》定义为一本经久不衰的畅销书，那就远远低估了它的价值。即使从未读过本书的人，也能说出本书的一些原则。本书的内容，揭示了人们的内心所想和所需，为当代商业领袖所青睐，被人力资源和公司领导层奉为前沿战略。无数名人和普通人因本书增强了自信，提升了管理技能，改善了社交生活。自我提升后，他们也积极诠释分享自己所得，薪火相传，努力影响他人。

书中诸多概念并非由我父亲创造，但他是最早呈现这些概念的人。本书首版至今近九十年，无数现代自我提升大师承认自己的很多灵感来源于本书，从现代很多畅销书中也可以看到本书对作者的影响。本书最重要也是最核心的主题是，站在他人角度看问题。

如今，在这样一个高速发展的时代，我们比以往任何时候更需要学习人际关系技巧。本书将告诉你，如何与自己意见相悖的人进行友好文明的交流，同时解释了为什么他人不愿意"听你解释"，以及当你觉得和朋友家人关系无可挽回时，如何修复彼此之间的情谊。

这不是一项轻松的任务，但至关重要。本书提供的帮助，可以让你的生活变得更美好。

与他人友好相处，对我父亲来讲也是一项挑战。父亲坦言，他一开始也不善于与人打交道。和其他人一样，他也在努力学习这些课程。他一直保留着一个文档，名为"**我做过的那些蠢事**"，以此提醒自己曾犯下的过错，比如"今天我被引荐给两位女士——但我立刻就忘了其中一位的名字"。当他因店员忽视而失去耐心时，他这样写道："我，一个收费教人如何应对人性的人,现在却像野人一样粗鲁无能!""我浪费了20分钟憎恨汤姆——我是该写一本关于自律的书了。"

在这里,我分享一个有趣的家庭故事。一次,我父母刚刚吵完架,恰好这时母亲的一位朋友前来拜访。当时,父亲还没有消气,正气得在屋里直跺脚。客人评论本书时,母亲冲着父亲点头说道:"就是那个人写了这本书。"诚然,正如父亲所说,这本书既是写给他人的,也是写给他自己的。

参与此版本修订,我倍感荣幸。1955年,父亲去世时我年仅5岁,但我对他依然记忆犹新。父亲是一个十分热情的人,非常爱笑,乐于关爱他人。即使很忙,他也会抽时间陪我。阅读本书,你会真切感受到他是一个怎样的人。

在本书修订过程中,我有幸得到了作家安德鲁·波兹曼的宝贵帮助。我们一起认真审阅和分析《人性的弱点》中的每一行文字,删除了一些不合时宜的内容。我们谨慎对待每个细节的修改,不管多么微小,我们都进行认真探讨。我也要感谢西蒙与舒斯特出版公司的编辑斯图亚特·罗伯茨,感谢他在本书修订中提供的坚定支持。同时,也要感谢戴尔·卡内基训练学校的乔·哈特和克里斯蒂娜·布斯卡里诺,感谢他们在整个修订过程提供的各种反馈和意见。我相信,父亲一定会非常满意本书的修订。我也希望,诸位读者可以满意本次修订,并真心希望,各位不仅能够从中有所收获,同时也能体会到阅读的乐趣。

自序

缘起

在 20 世纪的前 35 年间,美国出版了 20 多万种不同种类的图书,但绝大多数都枯燥乏味,很多书都卖不出去。我是不是说"绝大多数"?世界最大出版集团的总裁曾向我坦言,他们出版社虽然已成立了 75 年,经验丰富,但每出版 8 本书,就有 7 本是亏损的。

果真如此,我为什么还有勇气再写一本书呢?就算我写了,你又为什么要费心去读它呢?

有这样的疑问非常正常。下面,我会尽我所能解答大家的疑问。

从 1912 年开始,我一直在纽约市从事成人教育工作,帮助商业和其他领域的职场人士。最初,我只开设了公开演讲课程——旨在利用真实经历,训练成年人独立思考能力,帮助他们在求职面试或者公开演讲时沉着冷静,更有效、更清楚地表述自己的想法。

但随着课程进行,我慢慢发现,这些成年人不仅需要学习如何有效地表达自己，他们更需要学习的是，如何在日常商务活动和社交中与他人相处。

同时，我清楚地意识到，我自己也需要同样的培训。回顾过去数年，我对自己在人际沟通技巧方面的欠缺和理解能力的不足感到震惊。我多么希望 20 年前有人能给我一本这样的书，那将是对我最大的馈赠！

与他人有效交流可能是你面临的最大挑战，如果你是商务人士，则更是如此。当然，如果你是一名家庭主妇、建筑师或工程师，本书也同样适用。多年前，卡内基教育促进基金会赞助的一项研究发现了一个重要且富有重大意义的事实，后来卡内基技术学院的其他研究也证实了这一发现。这些调查表明，即使是在工程技术领域，一个人要想取得经济上的成功，仅有约 15% 取决于他的专业技术，剩下 85% 则是由他的人事管理能力决定的，如性格魅力和领导能力等。多年来，每个季度，我都会在费城工程师俱乐部和美国电气工程师协会纽约分部进行授课，目前已有 1500 多名工程师顺利结业。他们之所以来上我的课，是因为通过多年观察和自身工作经验，他们清楚地意识到，在工程技术领域，收入最高的并不是那些最懂工程的人。在工程、会计、建筑或其他任何专业领域，只要薪水合理，就可以雇用到专业技术人员。但是，如果一个人在拥有专业技术知识的同时，又拥有很强的表达能力、领导能力和激发人们热情的能力，那么他就具备了获取更高报酬的能力。

世界石油大王约翰·洛克菲勒在其事业全盛时期曾说："与人相处的能力，如果能像糖和咖啡等商品一样可以买到的话，比起太阳下的许多事物,我愿意为这种能力多付一些钱。"

你是否觉得,这种能力如此重要,实用性又强,那世界上每所大学一定都开设相关课程了吧?但我发现,直到我开始撰写本书,我都没有看到一所学校开设此类课程。

芝加哥大学和基督教青年会学校组成调查委员会,进行了一项为期两年的调查,目的是了解成年人想学什么。调查的最后一站是康涅狄格州的梅里登市,这是一个典型的美国城镇。小镇中几乎每个成年人都接受了采访,就156个问题进行作答,如"你是做什么的?""你什么学历?""闲暇时你都做什么?""你的收入是多少?""你有什么爱好?""你的理想是什么?""你有什么困难?""读书时,你最喜欢哪个科目?"等。调查显示,成年人最关心的是健康问题,其次就是和他人相关的问题:如何理解别人,如何与他人相处,如何让他人喜欢自己,如何让他人接受自己的想法。

该调查委员会决定为梅里登的成年人开设一门与人际交往相关的课程,于是想要找一些和课程相关的实用材料,但他们找遍全国,仍一无所获。最后,他们找到了一位世界成人教育权威,请他推荐一本相关教材。但该权威回答:"我不知道。我知道那些成年人需要什么,但目前没有人写过这样的书。"

我知道他说的没错,这是我的切身体会。多年来,我也一直在寻找,试图找到一本实用的、行之有效的人际关系手册,但一直无果。

既然没有此类书籍,我打算为自己的培训课写一本,因此有了本书,真心希望你们会喜欢。

为了写好本书,我查阅了所有能够找到的资料——报纸专栏、杂志文章、家庭法庭记录、古代哲学家和现代心理学家的著作等。另外,我还专门请了一位经验丰富的研究人员帮我查找资料。一年半的时间里,他走访了各大图书馆,阅读我错过的文章,翻看心理学的大部头著作,研读文章达数百篇,搜索无数名人传记,试图弄清楚各个时代伟大人物为人处世的技巧。我们阅读伟人们的传记——从尤利乌斯·恺撒到维多利亚女王再到托马斯·爱迪生等——了解他们的生平故事。我记得,仅仅西奥多·罗斯福的传记我们就读了一百多本。我们不吝时间和金钱,下定决心要弄清楚古往今来众多伟人赢得友谊和影响他人的每个有用的想法。

我亲自采访了许多成功人士,希望发现他们在人际关系中运用的技巧,其中包括发明家如马可尼和爱迪生,政治领袖如美国总统富兰克林·罗斯福和邮政部长詹姆斯·法利,商业领袖如美国无线电公司创始人欧文·扬,电影明星如克拉克·盖博、琼·克劳馥和玛丽·碧克馥,歌剧演唱家海伦·杰普森,教育家海伦·凯勒,以及探险家马丁·约翰逊等。

根据这些资料,我发表了一个简短的演讲,即《如何赢得友谊并影响他人》。一开始,这个演讲很短,但很快演讲就不得不延长到一个半小时。多年来,每个季度,在纽约卡内基学院上课时,我都会为学员们做这个演讲。演讲结束后,我一般会建议学员在工作和社交生活中实践他们所学,然后回到课堂上讲述他们的经历以及取得的成果。多么有趣的任务!所有人,无论男女,只要想提高自我,都被这个全新的方式深深吸引了。当时,这是唯一一个研究成人人际关系的课程。

和其他常规图书不同,本书像孩童一样不断成长,它伴随着成千上万的成年人共同前进。

多年前,我把整套规则印在一张卡片上,这张卡片还没有明信片大,这就是本书的雏形。后来,小卡片换成了大卡片,然后变成了传单样式,继而是一系列的小册子。每次修订,内容和规模都随之增加扩大。历经15年的实验和研究,终于有了本书的问世。

书中记录的规则并不是单纯的理论或无端猜测。它们具有非凡的魔力——这听起来虽然不可思议,但我亲眼看到很多人在应用了这些规则后,彻底改变了自己的生活。

例如,一位企业家参加了我的课程,他手下有314名员工。多年来,他总是肆无忌惮地批评、压榨员工。从他的嘴里,从来听不到善意、赞赏或者鼓励的话语。但在学习了本书中的规则后,他的处世和领导方式都发生了翻天覆地的变化。他的公司也越办越好,员工变得非常团结、忠诚,具有团队精神。曾经和他针锋相对的314名敌人也变成了他的朋友。在课前的一次演讲中,他非常骄傲地说:"过去,我到公司时,没人理我,甚至当我走近他们时,他们会马上把头转过去。但是现在,他们都成了我的朋友,就连看门人也会亲切地喊我的名字。"

这位老板因此获得了更多经济效益,也有了更多闲暇时间——而且,最重要的是,他在工作和家庭生活中,找到了更多的快乐。

无数销售人员通过这些规则大幅提高了他们的销售额。过去，他们无论怎样都争取不到的客户，现在都成了他们的顾客。企业高管们因为本书的规则获得了升职和加薪。一位管理人员承认，因为这些规则，他的薪水大幅提高。费城煤气公司一位主管因为要强好胜且领导能力不足，在65岁时被降职了。参与了培训后，他不仅免于降职，还涨了薪水。

在培训课结业宴会上，我无数次受到学员配偶的肯定。他们对我说，自从他们的妻子或丈夫参加了我的培训后，他们的家庭生活更幸福了。

很多人对自己应用规则后取得的成果感到震惊。这些规则似乎充满了魔力。甚至有些时候，有些人过于兴奋，等不及在课上分享他们的成果，周末就会打电话给我，分享他们的喜悦。

在某次课程后，一位学员深深被这些原则触动，和班上同学一直探讨到深夜。凌晨三点，在其他人都回家后，他依然辗转反侧，难以入眠。他深刻认识到了自己的错误，并感到羞愧，但同时，一个全新的、更丰富多彩的世界展现在他眼前，让他激动不已。此后一连几天，他都无法安心入眠。

他是谁？他是不是很无知，没有接受过什么教育？他是不是一个但凡遇到新理念就会大放厥词的人？当然不是。这位男士是一位精明的艺术品经销商，见多识广，社交能力强，曾就读于欧洲两所著名学府，能够流利地说三种语言。

在撰写本章时，我收到了一位德国贵族的来信。他的祖先世代在霍亨索伦家族（普鲁士王室）担任职业军官。他是在一艘横渡大西洋的轮船上给我写的信，信中讲述了他对这些规则的运用，他大书特书，热情几乎溢出纸面。

另一个学员毕业于哈佛大学，是一位土生土长的纽约人，他是一家大型地毯厂的老板，非常富有。他坦诚地说，在14周的系统培训中，他学会的影响他人的艺术，远比他大学4年学到的还多。听起来太荒谬了？很可笑？荒诞至极？当然，你可以用任何能想到的词汇来驳斥他的说法，我只是忠实记录了他的话而已，没做任何评论。1933年2月23日（星期四）晚上，在纽约的耶鲁俱乐部，这位保守派的杰出成功人士面对大约600名听众，发表了公开演讲，做了如是宣言。

"与我们应该达到的状态相比，我们只觉醒了一半。"著名心理学家威廉·詹姆斯教授说，"身心提供的资源，我们也仅仅开发利用了一小部分。从广义上来讲，每个人都远未到自己的能力极限。每个人与生俱来多种能力，却因习惯使然，将其束之高阁而疏于运用。"

那些你疏于运用的能力是什么？本书的唯一目的就是帮你发现、开发并利用那些潜在的、未被使用的能力，并从中获益。

普林斯顿大学前校长约翰·希本博士说过："教育是培养能应对各种生活状况的能力。"

阅读本书三章后，如果你毫无收获，应对生活中各种状况的能力没有任何提升，那么，我不得不思考，对你而言，本书可能毫无裨益。英国社会学家和哲学家赫伯特·斯宾塞说过："教育的最大目标不在于传授知识，而是教人如何行动。"

本书恰好就是一本行动指南。

戴尔·卡内基

1936年

有效使用本书的九大建议

1. 如果你想从本书中获得最大收益，那么你必须满足一个基本条件，它比任何规则或技巧都重要。如果你不具备这个基本条件，学习再多与技巧相关的理论也没用。如果你天赋异禀，具备这个条件，那么你不必采用任何建议，就可以功成名就。

那么，这个基本条件是什么呢？它就是，强烈的求知欲以及提高为人处世能力的坚定决心。

如何才能拥有这种强烈渴望呢？你需要不停地提醒自己，告诉自己这些原则多么重要。想象一下，一旦掌握这些原则，你的生活会变得更加快乐、更丰富、更充实。请反复对自己说："我的受欢迎程度、我的幸福感和自我价值在很大程度上取决于我与他人相处的技巧。"

2. 先快速浏览每章内容，大致了解一下本书结构。你可能迫不及待想要读完本书，但我不建议你这样做，除非你读本书只是为了消遣。如果你想要提高人际交往的能力，我建议你从头开始，认真研读每一章内容。从长远来看，这不仅能让你体会到阅读乐趣，也能让你获得最大收益。

3. 阅读过程中，请适当停顿，思考所读内容。问问自己何时会用到这些建议，怎么用。

4. 阅读时，可以用铅笔、钢笔或者马克笔标记重点。对自己有用的建议，可以在旁边做个记号。如果是一个特别重要的建议，你最好在每句话下都画线，或重点标出，也可以用符号标记。阅读时，在书中画线或标记会让阅读更有趣，也更便于快速回顾。

5. 我认识一位女性，15年间，她一直在一家大型保险公司担任业务经理。每个月，她都要阅读公司当月签发的所有保险合同。这些合同很多都是一样的，但月复一月，年复一年，她从未漏读过一份合同。为什么？因为经验告诉她，只有这样做，她才能熟记所有合同条款。

我曾经花了近两年的时间编写一本关于公众演讲的书，但我发现，在写作过程中，为了记得自己写过什么，我不得不经常回顾前面的内容。人们的遗忘速度快得令人震惊。

如果你想从本书中获得真正持久的好处，匆匆浏览一遍是完全不够的。仔细通读后，你每个月最好再花几个小时回顾一下本书内容。把书放在书桌上或者每天都可以看到的地方。时常翻阅可以加深印象，不断地提醒自己，未来还有很多可改进的地方。记住，只有经常回顾，持续应用，这些原则才会变成习惯性行为。除此之外，别无他法！

6. 爱尔兰剧作家萧伯纳曾说过："假如你想'教'别人一些东西，那么他永远也学不来。"他说得没错。学习是一个主动行动过程，我们在实践中学习。如果你想要掌握本书中的原则，那就行动起来吧。抓住每一个机会应用这些原则。如果你不用，那么很快就会忘记这些原则。只有用过的知识才能牢记于心。

你可能会发现，并不是所有场合都能够用到这些建议。我很清楚这一点，毕竟这是我写的书，我也发现，并不是我做的每一件事都可以应用这些规则。例如，在你心情不佳时，你更容易批评或谴责他人，而不是去理解他的观点；批评总比赞美来得容易得多；人们更愿意谈论自己想要的，而不愿意倾听他人的想法。因此，请记住，当你阅读本书时，你要做的不仅是努力获取信息，还要培养新的习惯，尝试一种新的生活态度——而这需要时间和毅力，以及持之以恒的实践。

经常翻阅本书，把它视作一本人际关系行动指南。不管什么时候，当你遇到某个具体问题时——比如教育孩子，让配偶、工作伙伴或者老板接受你的观点，安抚愤怒的顾客时，不要凭直觉反应冲动行事——这样通常解决不了问题。这时，打开本书，研读一下你曾重点标记的段落，试试新方法，看看它会给你带来怎样神奇的效果。

7. 有趣的小游戏有助于掌握这些规则。例如，和你的孩子、配偶或者工作伙伴约定好，每当你违背规则时，就给他们一美元。

8. 在一次培训课上，一位学员分享了他自我提升的经历。这位先生是华尔街一家银行的经理，几乎没受过什么正规教育，却成为美国最著名的金融家之一。他坦诚地说，他的成功很大程度上取决于他自创的一套方法。下面是他课前分享时说的话。我尽量准确复原他当时的话。

多年来，我一直有个习惯，随身携带一本记事本，记录当天要办的事情。我的家人周六晚上从不打扰我，因为他们知道，周六晚上是我自我反省和自我评估的时间。晚饭后，我独处时会打开记事簿，回想这一周所有的谈话、讨论和会议。然后问自己：

"上次我犯了什么错？"

"哪些事我做对了？有没有更好的处理方法呢？"

"从那次经历中，我可以学到什么？"

一开始，这种每周的回顾反省常常让我很郁闷，自己竟然犯了那么多的错误。当然，随着时间推移，我犯的错误越来越少。现在，每周回顾反省后，我有时甚至想要表扬一下自己。年复一年，我一直坚持这种方法，自我分析、自我教育，这让我获益匪浅，其效果远远超过了我尝试过的其他方法。

经常回顾和反省，不仅提高了我的决策能力，人际交往能力也有了全面提升。我向大家强烈推荐这个方法。

关于本书中的原则，何不采用类似的方法来检验自己的运用情况呢？如果这样做了，将会得到两个益处。

首先，你会发现，自己参加的这个学习课程既有趣，又珍贵。

其次，你会发现，自己的为人处世能力显著提高。

9. 应用原则后，记录你取得的进步，这样做好处多多。记录要详细，包括名称、日期和具体成就。记录成就能够激励自己继续努力。多年后，当你在某个深夜偶然翻看到这些记录时，一定很有意思！

要想从本书获得最大收益，请：

1. 使自己具有深切的欲望，想精通人际关系的种种原则。

2. 每一章读两遍后，再读下一章。

3. 阅读时，经常停下来，问问自己如何把这些建议应用到实际中。

4. 标记重点内容。

5. 每个月回顾一下本书内容。

6. 寻找一切机会运用这些原则。把本书视作一本行动指南，帮助解决日常生活问题。

7. 设计有趣的小游戏，帮助掌握这些规则。例如，当你违背规则被朋友抓到时，给他一美元。

8. 每周审视自己是否取得进步。问问自己，犯了哪些错误，取得了哪些进步，有哪些对未来有益的收获。

9. 在本书后面，记录自己是何时又如何应用这些原则的。

目录

推荐序 1　唤醒内在的天使，激发赞美的力量　李希贵 / I
推荐序 2　如何拥有幸福、满意、无悔的人生　郑玫 / VII
推荐序 3　实现真诚、尊重与双赢的沟通宝典　郑斐 / XI
前言　懂得如何与他人相处才会成功 / XV
自序　缘起 / XXI

第一部分　为人处世的三大基本原则 / 001
1. 不批评，不指责，不抱怨 / 003
2. 给予他人真诚的赞美 / 021
3. 激发他人内心强烈的渴望 / 034

第二部分　让他人立刻喜欢上你的六大方法 / 053
1. 真诚地表现出对他人的兴趣 / 055
2. 微笑，微笑 / 068
3. 务必记住他人的姓名 / 076
4. 学会倾听，鼓励对方多谈他自己的事 / 085
5. 谈论对方感兴趣的话题 / 095
6. 诚挚地让对方感到自己很重要 / 101

第三部分　如何与他人友好相处，实现共赢 / 115
1. 赢得争论的唯一方式就是避免争论 / 117
2. 尊重他人的想法，永远不要对他说"你错了" / 125

3. 主动真诚地承认错误，退一步海阔天空 / 136

4. 温和友善，宽以待人 / 143

5. 循循善诱，反复强调双方共同的目标，让对方说"是" / 150

6. 不要向他人吹嘘自己的成功，以免招致嫉妒与怨恨 / 157

7. 提出建议进行引导，让对方觉得好主意是他自己想到的 / 164

8. 换位思考，站在对方的角度考虑问题 / 171

9. 向对方表达同情与理解，感同身受 / 175

10. 让对方深信，他在你眼中是诚实正直的好人 / 182

11. 用戏剧化的方式呈现自己的想法，引起更多关注 / 188

12. 用激将法提出挑战，帮助他人克服恐惧 / 192

第四部分　如何拥有卓越领导力，有效激励下属 / 197

1. 在批评和否定之前，先给予对方真诚的肯定 / 199

2. 慎用"但是"，巧妙地暗示对方的错误 / 205

3. 谦虚谨慎，批评他人之前先承认自己也会犯错 / 208

4. 用提问的方式帮助下属找到解决问题的方法 / 212

5. 给下属留足面子 / 215

6. 即使是下属最微小的进步，也要由衷地称赞 / 218

7. 找到下属身上的闪光点，激发他们充分展现 / 223

8. 持续的鼓励能够创造奇迹 / 227

9. 授予头衔和权力，激发下属的主动性 / 232

附录　成功皆有捷径 / 239

拓展阅读 / 253

戴尔·卡内基培训课程概述 / 254

PART I

第一部分
为人处世的三大基本原则

1. 不批评，不指责，不抱怨

1931年5月7日，纽约市上演了一场前所未有的、轰动全城的大追捕。经过几周的搜捕后，在这一天，"双枪杀手"克劳利在他女朋友位于西区大街的公寓中被抓捕。这样一位穷凶极恶的杀人犯竟然烟酒不沾。

150名警察和侦探把克劳利藏身的顶楼团团围住。警察们在屋顶凿了几个洞投掷催泪弹，试图把克劳利逼出来，同时在周围建筑物上架起多挺机关枪。在纽约这个美丽的小区内，双方激战一个多小时，枪声和机关枪的嗒嗒嗒声不绝于耳。克劳利藏在沙发后不停地向警察开枪。人心惶惶，上万人目睹了这场枪战，纽约街上从未有过这样的激烈场面。

在克劳利被捕后，警察局长穆鲁尼发表声明称，这个双枪暴徒是纽约有史以来最危险的罪犯之一，并评价说："该人嗜杀成性。"

"双枪杀手"克劳利是如何评价自己的呢？在警察向公寓开枪时，克劳利写了一封信致相关人士。克劳利写信时，伤口上的血沾到了信纸上,留了一道暗红色的印迹。克劳利在信中写道:"在我的外表下,藏着一颗疲惫但仁慈的心——一颗无意伤害任何人的心。"

就在不久前,在长岛郊外的乡间小路上,克劳利和女友正坐在车里亲热,突然一个警察走过来对他说:"请出示你的驾照。"

克劳利一言不发,掏出枪,对着警察就是一顿扫射。警察中枪倒地后,克劳利又从车里跳了出来,搜出警察的手枪,又对着伤重的警察补了一枪。难道这就是他自己所宣称的"在我的外表下,藏着一颗疲惫但仁慈的心——一颗无意伤害任何人的心"吗?

最终,克劳利被送上电椅处决。在被押送至新新监狱时,他是否说过"这就是我杀人的下场"?没有,他毫无悔意,还狡辩说:"这是我自卫的代价。"

对于整件事,必须要点明的是,"双枪杀手"克劳利对自己的所作所为毫无悔意。

像克劳利这种人多吗?如果你觉得不多,不妨来看看下面的例子。

"我把生命中最美好的时光奉献给了人类,帮助人们轻松、快乐生活,但我得到的只有辱骂和欺辱,每日活在追捕中,苟且偷生。"

这是阿尔·卡彭说的。没错,就是那个臭名昭著的全美公敌——曾在芝加哥街头制造重大枪击惨案的黑帮头目。阿尔·卡彭不仅不觉得自己有罪,甚至还认为自己是一个造福大众的行善者——一个被辜负、被误解的大善人。

纽约臭名昭著的匪首达奇·舒尔茨在黑帮火拼中丧命，在死之前，他也是这么评价自己的。在接受一家报纸采访时，他称自己是一位公益人士。他真的就是这么认为的。

我曾和新新监狱（里面关押的都是美国最穷凶极恶的罪犯）的典狱长路易斯·劳斯通信探讨这个问题。路易斯·劳斯在新新监狱工作多年，他在信中告诉我说："在新新监狱，没有几个罪犯承认自己是坏人。他们和你我一样都是人，都会自己的行为辩解，寻找各种理由。他们会解释自己为什么撬保险箱，为什么会毫不犹豫扣动扳机。他们中大部分人总是试图寻找各种理由（不管是否合理），为自己的反社会行为辩护，并坚定认为，自己不应该被关入监狱。"

如果连阿尔·卡彭、"双枪杀手"克劳利和达奇·舒尔茨以及那些关押在监狱里的恶徒都不觉得自己有错，那么你和我平时接触的人又是如何想的呢？

沃纳梅克连锁商店的创始人约翰·沃纳梅克指出："30年前，我就知道，责骂他人是非常愚蠢的行为。克服自身缺陷已经让我疲惫不堪，哪还有精力操心上帝没有把智慧平均分配给每个人。"

沃纳梅克早早就想通了这一切，而我却跌跌撞撞，耗时30多年才逐渐明白：99%的情况下，一个人都不会谴责自己，不管他犯了多么严重的错误。

责备毫无用处，只会让对方进入防御状态，想方设法为自己的行为辩解。同时，批评也是十分危险的，它不仅会伤害一个人宝贵的自尊，还会招致怨恨。

著名心理学家斯金纳通过动物实验发现，动物表现好，获得奖励后，不仅学习得更快，也更好；但如果动物因表现不好被批评后，不仅学习速度变慢，而且效果也不好。后来的研究表明，人类也是如此。批评不仅不会带来持久改变，还会招致怨恨。

另一位著名心理学家汉斯·塞利也说过："我们有多么渴望被认可，就多么恐惧受到责备。"

批评不仅会招致怨恨，打击员工、家人和朋友的积极性，而且无益于问题的解决。

记住：你想要的是蜂蜜，而不是被蜜蜂叮。乔治·约翰斯顿来自俄克拉荷马州伊尼德市，在一家工程公司担任安全协调员，他的一项工作就是确保员工在工地上戴好安全帽。据他说，每次看见员工不戴安全帽，他都会拿规定压他们，严厉斥责他们违反了规定，勒令他们戴好安全帽。结果如何呢？虽然当他的面，大家不情不愿地戴上了安全帽，一旦他离开，大家就会立刻把帽子摘掉。

于是，约翰斯顿决定换一种方式。当他再次看到有工人没戴安全帽时，就会询问他们帽子是不是戴着不舒服，是不是大小不合适。然后，他会温和地提醒他们，戴安全帽是为了保障他们的安全，建议在工作时戴好它。结果，越来越多工人遵守规定，大家也没什么怨恨和不满情绪了。

回顾历史，批评无用的例子随处可见。下面我们来看一下发生在西奥多·罗斯福和威廉·霍华德·塔夫脱总统之间那次著名的争论——这场争吵导致共和党内部分裂，同时把民主党候选人伍德罗·威尔逊送进了白宫，使其在第一次世界大战中留下了自己辉煌的一页，改变了历史进程。让我们快速回顾一下整个事件。1908年，在罗斯福的支持下，塔夫脱当选美国总统。随后，罗斯福去了欧洲。但当他返回美国后，却对塔夫脱大发雷霆，公开谴责他的保守主义，并且再次开始参与总统竞选，同时组建了公麋党。这一连串行为给了共和党沉重的打击。在随后的总统大选中，威廉·霍华德·塔夫脱只赢得了佛蒙特州和犹他州两个州的选票——这是共和党有史以来遭受的最严重的失败。

罗斯福抨击塔夫脱，但塔夫脱会感到愧疚吗？当然不会！塔夫脱眼含热泪，为自己的施政辩解："我看不出，如果不这样做，我还能有什么更好的选择。"

究竟是谁的错？罗斯福还是塔夫脱？坦白说，我不知道，也不在意。我想要说的是，面对罗斯福的诸多指责，塔夫脱并不觉得自己有错。斥责唯一的作用就是促使后者竭尽全力为自己辩解，含着眼泪不停辩称"我看不出，如果不这样做，我还能有什么更好的选择"。

我们再来看一个臭名昭著的丑闻，即蒂波特山油田丑闻。该事件发生在20世纪20年代，举国震动，引起各大媒体口诛笔伐。该事件堪称美国政坛有史以来最大丑闻。下面我们来详细看一下整个事件：艾伯特·福尔时任哈定总统内阁的内政部长，受命负责政府两大油田（即加利福尼亚的埃尔克山油田和怀俄明州的蒂波特山油田）公开招标事宜——这些石油储备本来是留给海军未来使用的。福尔部长进行公开招标了吗？根本没有，他直接把利润丰厚的油田开采合同给了他的朋友爱德华·多希尼。那么，多希尼是如何回报福尔部长的呢？他倍感荣幸，"借给"福尔10万美元。随后，福尔又利用手中职权，命令美国海军陆战队进驻油田，驱逐在埃尔克山油田开采石油的开采商。被暴力驱逐、被迫停止石油开采的商人们把福尔告上法庭——蒂波特山油田丑闻由此大白于天下。这一令民众厌恶至极的丑闻，不仅动摇了哈定政府的统治，而且让共和党再一次遭受重创，也把福尔送进了监狱。

福尔遭受万人唾骂，很少有公众人物被这样谴责。他有一丝悔意吗？完全没有。多年后，赫伯特·胡佛在一次演讲中透露，哈定总统抑郁而终，是因为一位朋友的背叛。福尔夫人听说后，从椅子上跳起来，一边用力挥舞拳头，一边哭喊道："什么？福尔背叛了哈定？胡说！我丈夫没有背叛过任何人。即使给他满屋黄金，他也不会受诱惑做坏事。他才是被出卖的那个人。"福尔夫人可能是不知情，才无条件相信她丈夫，但有一件事十分明确：她誓死捍卫她的丈夫。

正如你所看到的：这就是人性——作恶者责怪所有人，唯独不责怪自己。每个人都是如此。所以，当我们想要指责他人时，不妨想想阿尔·卡彭、"双枪杀手"克劳利和艾伯特·福尔这些人。我们必须清楚，批评就像回旋镖，伤人伤己。我们还要明白，受到批评的人必定会为自己辩护，并反过来指责我们。或者就像塔夫脱那样，虽然态度温和，但依然在辩解"我看不出，如果不这样做，我还能有什么更好的选择"。

1865年4月15日的清晨，在一家廉价公寓走廊尽头，有一间狭窄的房间。亚伯拉罕·林肯躺在床上，生命垂危。街对面就是福特剧院。就是在那里，约翰·威尔克斯·布斯开枪刺杀了林肯。这个房间里的床又破又小，林肯高大的身体只能斜卧着。床上方挂着一幅罗莎·邦赫的名画《马市》的廉价复制品，一盏破旧的煤油灯摇曳着昏黄的灯光。

在林肯弥留之际，美国作战部长斯坦顿惋惜地说："躺在那里的是世界上有史以来最伟大的领袖。"

在和他人相处时，林肯是如何赢得大家喜爱的？我曾花了10年时间研究亚伯拉罕·林肯的生平，又花了3年时间完成了《你所不知道的林肯》，写作其间曾多次修改。我对林肯的性格和生活做了详尽而深入的研究，我相信无人能及。对林肯的为人处世方法，我专门做了研究。他会动不动就批评人吗？答案是肯定的。年轻时，有段时间林肯居住在印第安纳州的鸽溪谷，那时的他不仅喜欢批评别人，还经常写信或写诗嘲讽别人，并把它们放在对方的必经之路上。

即使林肯在伊利诺伊州斯普林菲尔德市成为一名执业律师后，他也曾多次在报纸上发表文章，公开抨击他的对手。此类事情数不胜数。1842年秋天，林肯在《斯普林菲尔德日报》上匿名发表了一篇文章，讽刺政客詹姆斯·希尔兹，说这个人既自负又逞勇好斗。这篇文章让希尔兹沦为全镇的笑柄。敏感而又自负的希尔兹怒火中烧，在查出是林肯写的后，他立刻跳上马背，誓要和林肯决一生死。林肯并不想决斗，但为了维护尊严，不得不答应。作为被挑战者，林肯可以自己选择武器，他手臂长，因此选择了骑兵用的觉剑，并向一位西点军校的毕业生学习剑术。在决斗日，他和希尔兹来到了约定的地点——密西西比河畔，准备一决生死。万幸在最后一刻，他们各自的支持者将两人分开，阻止了这场决斗。

这可能是林肯一生中最不愿提及的事件，但这也让他学到了为人处世的重要性。自此以后，他再也没有写信侮辱别人，也不再嘲讽他人。实际上，从那以后，不管碰到什么事，他几乎都不会批评谴责别人了。

内战期间，波托马克军团在战场上接连失败，林肯先后任命麦克莱伦、波普、伯恩赛德、胡克、米德担任将领，但都无济于事。林肯十分绝望，寝食难安。虽然北方民众纷纷指责这些将军无能，但林肯依然坚持其"勿以恶意对人，尽以仁善示众"的处世原则。林肯最常引用的一句话就是"不议论人，就不至于被人议论"。

当林肯夫人和其他人斥责南方人时，林肯会说："不要指责他们，换成是我们，在那样的境地，也会做同样的事。"

如果说有谁有权批评他人的话，那这个人一定是林肯。看看下面这个例子，你就会明白为什么。

1863年7月1日—7月3日，葛底斯堡爆发了一场战役。7月4日晚，风云密布，大雨滂沱，南方联盟总司令罗伯特·李战败，一路向南逃跑。当罗伯特·李带领残部到达波托马克河边，却发现河水因暴雨猛涨，无法通过，而后方是乘胜追击的联邦军队。罗伯特·李陷入绝境，无路可逃。林肯知道这是天赐良机——只要击溃李的残余部队，就可以立刻结束战争。满怀信心的林肯致电米德将军，命令他立刻出兵，无须通过军事会议商讨，并专门传信给米德将军，要求他即刻采取行动，不得贻误战机。

但米德将军怎么做的呢？他做了完全相反的决定，违背了林肯的命令——他没有出兵，反而召开了军事会议。他一拖再拖，不停发电报为自己不出兵找借口，坚决拒绝出兵攻打李的军队。最终，洪水退去，罗伯特·李将军带着他的部队成功渡河，逃回南方。

林肯勃然大怒。"这意味着什么？"林肯大发雷霆，对着儿子大吼，"天啊，这意味着什么？胜利唾手可得，只要动动手指，就能完败敌人。然而不管我下了多少道命令，他竟然完全无视了！就这种战况，是个人就能击败李将军。如果我在前线，我自己就上了。"

在极度失望中，林肯给米德将军写了一封信。这个时期，林肯在措辞上并不苛刻，因此1863年的这封信可以说是相当严厉的指责了。

亲爱的将军：

　　我相信，你根本没有意识到李逃跑这件事带来的严重后果。你原本可以轻而易举就抓到李的。如果当时击溃他，再加上我们其他战场上的胜利，战争就可以结束了。照目前的情况，战争将无限期地延长下去。在当时天时地利的情况下，你都不能打败对方，现在的兵力不足当时的2/3，又如何战胜已然逃到河对岸的敌军呢？现在，我对你已经不抱任何期望了。任何期望都是不切实际的。你已经错失了最佳时机，我为此无比痛心。

你觉得米德将军看了这封信后，会怎么做？

米德将军从未看到过这封信，因为林肯根本就没有寄出。这封信是后来人们在他的遗稿中发现的。

我猜（仅仅是猜测）林肯写完信后，望着窗外，对自己说："等一下，容我好好想一想。坐在白宫发号施令，命令米德发起进攻，是一件很容易的事情。但如果我在葛底斯堡，如果我刚刚经历一周的血腥战斗，触目所及都是牺牲的士兵，耳畔充斥着伤者痛苦的呻吟，也许我也不会那么急于出兵。米德一贯谨小慎微，如果我和他一样，可能也会犹豫不决。不管怎样，事情已经无法挽回。如果寄出这封信，虽然我宣泄了情绪，但会引起米德反感，他一定会为自己辩解，并指责我。这样做除了引发不快，还会损害他作为司令在军中的威严，甚至可能迫使他辞去军中职位。"

所以，林肯没有寄出那封信。曾经沉痛的经历让他知道，苛责和批评徒劳无益。

西奥多·罗斯福担任美国总统期间，在白宫办公桌上方，挂了一幅林肯的画像。他曾说过，每当遇到令他费解的难题时，他就会靠向椅背，抬头凝视林肯的画像，然后问自己："如果林肯是我，他会怎么做？他会如何解决这个难题？"

下次，当你想斥责别人时，不妨从兜里拿出五美元纸币，看着上面的林肯头像，问问自己："如果林肯遇到这样的问题，他会怎么处理？"

马克·吐温偶尔发脾气时，会给对方写信，咒骂对方。曾经有个人惹了他，他火冒三丈，给对方写信道："你真该死！真想死的话，说出来，我成全你。"还有一次，他给编辑写信，抱怨校对员竟然想"改我的拼写和标点"。他命令说："从此以后，只能按照我的原稿出版。就校对员那猪脑子，他们的建议还是自己留着吧。"

写信骂完人后，马克·吐温心情好多了。当然，这些信只是让马克·吐温发泄了一下，并未对他人造成什么实质性伤害，因为这些信从未寄出——他的妻子偷偷将信从邮箱中取了出来。

你有想要改变、约束的人吗？那太好了！但为什么不从你自己开始呢？自私一点儿说，这可比改变他人好多了——没错，而且风险也小得多。孔子曾说过："苟正其身矣，于从政乎何有？不能正其身，如正人何？"

年轻时，为了给别人留下深刻印象，我给美国文坛赫赫有名的作家理查德·哈丁·戴维斯写了一封十分愚蠢的信。当时我正在为杂志写一篇关于作家的文章，所以，我写信给戴维斯，希望他介绍一下自己是如何写作的。几周前，我收到过一封信，在信底写着这样一句话"根据口述整理，未经本人校对"。这句话给我留下深刻印象。我觉得这个人一定是个大人物，非常忙，没有时间自己写信。虽然我一点儿也不忙，但为了给理查德·哈丁·戴维斯留下深刻印象，在给他的信结尾，我也原封不动地抄了这句话"根据口述整理，未经本人校对"。

戴维斯没有给我回信。他把我的信退了回来，信的下方潦草地写了这样一句话："论没有礼貌，没有人比得过你！"没错，我的确犯错了，被指责一点儿也不冤。但作为一个普通人，我感到十分愤怒。这封信带给我的伤害很深——虽然我羞于承认这一点，甚至10年后当我读到理查德·哈丁·戴维斯去世的消息时，我依然能够感受当时的愤怒。

如果你想激怒对方，让对方恨你到死，你只需严厉谴责他——不管你的理由多正当，他都会憎恶你。

与人打交道时，我们须记住，我们面对的不是纯理性的人，而是一个有血有肉、有自己的喜好、骄傲而又有虚荣心的活生生的人。

托马斯·哈代是英国文学史上最优秀的作家之一，却因他人的指责退出文坛；英国诗人托马斯·查特顿经受不住他人的尖刻批评而选择了自杀。

本杰明·富兰克年轻时十分莽撞，后来却圆滑世故，极善与人打交道，担任了美国驻法大使。他成功的秘诀是什么？"我从不说人坏话，"他说，"肯定每个人的优点。批评、谴责和抱怨别人就连傻子都会——这样做的绝大多数也的确都是傻子。"

但理解和原谅的确需要很大的勇气和自控力。

卡莱尔曾说过："伟人的伟大之处就在于他对待小人的方式。"

鲍勃·胡佛是一位著名的试飞员，经常在航展上表演。据《飞行操作》杂志描述，一次，他在圣地亚哥表演结束后返回洛杉矶的途中，在300英尺（1英尺≈0.305米）高空中，两个引擎突然故障，停止转动，但他凭借高超的飞行技术成功迫降。虽然飞机受损严重，但万幸的是，他和机上两位乘客安然无恙。

胡佛紧急降落后，立刻就去检查飞机燃油——正如他所猜想的，他一直驾驶的这架二战时期的螺旋桨飞机被误装了煤油，而它应该使用的是汽油。

一回到机场,胡佛就要求见负责加油的机械师。那位年轻机械师知晓自己差点儿酿成大祸,胆战心惊,十分害怕后悔,看到胡佛时,泪流满面。因为他的失误,不仅损毁了一架昂贵的飞机,还差点儿葬送了三条人命。

你可以想象胡佛有多么愤怒。所有人都觉得,这位高傲、做事严谨的试飞员会怒斥这个机械师。但令众人意外的是,胡佛既没有责骂他,也没有批评他,而是搂着他的肩膀说:"我相信你再也不会犯同样的错误了。明天,你来负责我 F-51 飞机的维护吧。"

伊万杰琳·布斯是一位杰出女性,我有幸与她结识。她是救世军首位女司令,在担任总司令期间,她建立了救济站,以解决纽约移民的温饱问题;还设立了多个项目为学生提供食物,为老年人提供照顾。在育空地区发现黄金后,伊万杰琳感觉到那里需要救世军的帮助,于是她去了斯卡圭。后来她回忆说,那是她职业生涯最艰难的一段时光。

在当时,斯卡圭可不是什么好地方。伊万杰琳刚到那里,就听说有五个人被杀了。在那里,人人都配枪,不管她走到哪里,都有人在谈论臭名昭著的"克朗代克杀手"——"滑头"史密斯。他带领着一群亡命之徒,杀人夺财,无法无天,坏事干尽,很多矿工死在他手里。

伊万杰琳抵达斯卡圭当晚,在育空河岸边宣教布道,但矿工对此并不感兴趣,也无心听人说教。见此情况,伊万杰琳开始带领团队成员唱歌,都是人们从小就熟悉的宗教歌曲和赞美诗。很快,就有人围了过来,慢慢地,越来越多的人跟着唱起来,最后竟形成了数千人的大合唱。夜晚寒气逼人，在唱歌间隙，有人走到伊万杰琳身边，给她披上了毯子，让她抵御寒冷，歌声一直持续到凌晨一点钟。

之后，伊万杰琳和助手们打算在森林里露营休息。当他们点火时，看见五个人持枪从黑暗中走过来。走近后，这群人的头目摘下帽子，礼貌地说道："我是'滑头'史密斯，我太喜欢你的歌了。我就是那个给你披毯子的人，如果你喜欢，可以留着它。"这是一份非常珍贵的礼物，因为在这里，有很多人死于寒冷潮湿。

由此开启的一场对话，直至黎明才结束。史密斯讲述了自己儿时的经历，说到了自己的母亲，还回忆了自己和祖母参加救世军活动一边拍手一边唱颂歌的经历。

伊万杰琳耐心倾听史密斯的讲述。她知道，这个人想找人倾诉，他也希望在没有武力胁迫的情况下，能够有人重视他和尊重他。伊万杰琳是一位虔诚的教徒，有自己的处世原则，她会谴责这罪行累累的暴徒吗？谴责他不珍惜生命，残害他人？如果真这样做了，你猜会有什么后果？伊万杰琳只是认真倾听，满怀同情，而这恰恰打动了"滑头"史密斯。

伊万杰琳相信宽恕的力量，也坚信人是可以变好的。她很坦率真诚地对"滑头"史密斯说："杀人是不对的，你不可能总能得手，这样下去，总有一天你也会被别人杀死。"随后，她请"滑头"史密斯和她一起跪下祈祷。

祈祷中，史密斯流下了悔恨的泪水，他承诺不再做违法乱纪的事，他会去自首。但他没有得到改过自新的机会——两天后，他被枪杀了。在斯卡圭民众眼中,史密斯是一个十恶不赦的暴徒,他死了,举城欢庆。但在伊万杰琳眼中,史密斯只是一个渴望过上更好生活的人。

不做任何评判地认真倾听,就可以对一个穷凶极恶的杀人犯产生如此大的影响,那么在日常生活中,当我们和伴侣、家人或同事沟通交流时,如果我们能够停止批判,多一些理解,又会有怎样的结果呢?

父母经常忍不住批评自己的孩子——你可能觉得我会劝你不要批评孩子。事实上,我不会。我只想说:"在批评孩子前,请先读一下这篇美国杂志上的经典文章——《爸爸备忘录》。"该文章最早刊登在《人们的家园》杂志上,后来《读者文摘》又刊登了其缩略版。经作者首肯,本书中引用了其缩略版。

《爸爸备忘录》虽然篇幅不长,但情感真挚,唤起了无数读者的共鸣,被多次转载。作者利文斯顿·拉尼德写道,自出版以来,《爸爸备忘录》被全国数百家杂志、机关报刊以及报纸争相转载。这篇文章被翻译成各种语言在国外刊登。在学校、教堂和讲座中,成千上万的人阅读过这篇文章。很多广播节目,还有大学期刊和高中校报,无数次引用、转载这篇文章。有时,简单的文章也可以打动人心——这篇文章就是如此。

爸爸备忘录

利文斯顿·拉尼德

我想对你说,儿子。趁你熟睡之际,我偷偷走进你房间,有些话想对你说。你的小手握拳放在脸下,汗水浸湿了你的卷发,贴在额头。几分钟前,当我在书房看报纸时,深深的懊悔席卷心头,让我坐立难安。内疚感驱使我来到了你的床边。

儿子,很多事在我脑海不停闪现:我总是对你发脾气。你上学前洗漱时,随便用毛巾擦脸,我骂了你。你不擦鞋,我责备你。你把东西扔地上时,我愤怒地对你大吼大叫。

吃早饭时,我也不停地指责你:又把东西洒了,吃饭不要狼吞虎咽,手肘不要放在放桌子上,面包上的黄油涂太厚了……在你玩耍时,我出门赶火车,你挥舞着小手和我道别"爸爸,再见!"我却皱了皱眉头,斥责道:"把腰板挺直了!"

下午又开始了新一轮的指责。我下班回家时,看见你跪在地上玩弹珠,袜子破了洞。在你的小伙伴面前,我根本不顾及你的脸面,强行把你拽回家。"袜子很贵——当你自己赚钱买的时候,你就不会这么糟蹋了!"很难想象,儿子,这竟然都是爸爸说的!

你还记得吗?后来我在书房看书,你胆怯地走进来,眼睛里带着一丝委屈。当时我正在看报纸,被你打断很不耐烦。看到你站在门口,无视你的小心翼翼,怒问道:"又有什么事?"

你一句话没说,只是快速冲了过来,跑到我面前,伸出小胳膊搂住我,亲吻我。你小小的手臂紧紧地搂着我,满载对我深深的爱意。上帝在你心中种满鲜花,虽然被冷落斥责,但依然热烈绽放,没有枯萎。你很快就离开了,噔噔跑上了楼。

儿子,在你转身离开的刹那,报纸从我手中滑落,我突然感到非常后怕,深深厌恶自己以往的行为。我一直都在做什么?百般挑剔,随意斥责——这就是我对一个小男孩爱的回馈。儿子,我并不是不爱你,而是因为我对你有太多期望,我总是在以成人的标准要求你。

你优秀、善良,待人真诚。你跑进书房,亲吻我,与我道晚安,你小小的心灵如同黎明曙光,照亮空旷的山谷。儿子,此时此刻,一切都不重要了。我偷偷来到你的床边,跪在这里,满怀愧疚。

愧疚不足以弥补我对你的伤害。我知道,如果你醒着,我告诉你这些,你可能还无法理解。但明天,我会成为一个合格的爸爸。我要和你做朋友,陪你难过,陪你快乐。如果我要再次不耐烦地斥责你,我会咬紧牙关忍住,认真告诫自己:"他只是个孩子——一个小男孩!"

过去我把你当作成人看待。现在,看到你蜷缩在小床上的身影和细嫩的面庞,这无不在提醒我,你还只是个小孩子。昨天,你还在妈妈的怀里,小脑袋枕着她的肩膀。我对你要求得太多太多了。

与其谴责别人,不如试着去理解他们。换位思考,设法弄清楚他们为什么那么做,这比批评有益,也有趣得多。理解孕育同情、宽容和善意。"了解就是宽恕。"

正如约翰逊博士所说："上帝不打算审判任何人,直到末日来临。"

- 原则1:
不批评,不指责,不抱怨。

2. 给予他人真诚的赞美

在这个世界上，若想让他人为你做任何事，只有一种方法。你知道是什么吗？没错，唯一的方法就是让他人主动去做。

记住，除此之外，别无他法。

当然，如果你想要别人的手表，拿枪威胁对方，他可能会给你。如果你威胁员工，不合作就解雇他们，他们当面肯定会合作。但这些方法都存在弊端，会带来很多不良后果。

要你做事的唯一方法，就是把你想要的东西给你。

那么，你想要什么？

现代心理学奠基人西格蒙德·弗洛伊德曾说过："人类行事源于两个动机，即对性的冲动和对成功的渴望。"

美国杰出哲学家约翰·杜威对此看法大同小异，他说："人类本质里最深远的驱策力就是'希望被重视'。"这句话很重要，请铭记于心，在本书的后面，我们会从多个角度进行论述。

那么，你想要什么？其实，我们真正想要的东西并不多，大多数人发自内心、最坚定的渴望无外乎以下几种：

1. 健康长寿。
2. 食物。
3. 睡眠。
4. 金钱，以及金钱能购买的东西。
5. 对未来的期望。
6. 满足的性生活。
7. 孩子幸福健康。
8. 被重视的感觉。

在上述人类渴望中，通常多数都可以满足，有的偶尔可以满足——但有一个例外，人类对它的渴望和对食物、睡眠的渴望一样迫切，但很难被满足，即弗洛伊德所说的"对成功的渴望"，也是杜威所说的"希望被重视"。

林肯曾在一封信开头写道："每个人都喜欢被赞美。"威廉·詹姆斯说过也曾说："人类本质中最殷切的需求是，被肯定。"这是人类最坚定的渴望，但同时也是最难满足的。如果有人能够满足他人的这种心灵渴望，那他一定会对对方产生重大影响，"在他辞世时，连殡仪员都会感到惋惜"。

"希望被重视"的感觉，是人类和动物的最大分别之一。小时候，我生活在密苏里州的一个农场里。当时，父亲养了很多杜洛克泽西猪和纯种白脸牛。我们经常在中西部的乡村集市和家畜展销会上展示我们的猪和白脸牛，并因此荣获很多一等奖。父亲把冠军勋章绶带别在了白布上，每次有朋友或客人来家里，他都会拿出来。我和父亲各持白布一端，展示给大家看。

杜洛克泽西猪并不关心自己获得哪些奖项，但父亲在意，这些荣誉让他找到了受重视的感觉。

如果我们的祖先不曾渴求这种被重视的感觉，那文明也就不会出现。如果没有这种渴求，我们和动物也就没什么分别了。

有一个杂货店店员，一贫如洗，没受过什么教育。他花 50 美分买了一桶杂物，偶然间在杂物中发现了一些法律书后，开始废寝忘食地研读法律，自此开启了别样人生。而驱使他这样做的，正是这种渴望被重视的感觉。也许你听说过这个杂货店店员，他就是林肯。

同样，也正是这种渴望被重视的感觉激励查尔斯·狄更斯写出了不朽的传世杰作；促使阿梅莉亚·埃尔哈特成为美国第一位独自飞越大西洋的女飞行员；激发克里斯托弗·雷恩爵士设计出了恢宏建筑；促使居里夫人不顾生命危险，成为放射性研究的先驱；让洛克菲勒积累了用之不尽的财富。也正是这种渴望，让你们镇上最有钱的人建造起一栋远超他真实需求的豪宅。

正是这种渴望，让你想穿最时尚的衣服，开最新款的车，炫耀自己的孩子有多聪明。

也是这种渴望，引诱很多少男少女加入帮派，走上犯罪的道路。据前纽约警察局长穆鲁尼说，这些年轻罪犯通常都狂妄自负，被捕后提出的第一个要求就是看那些为了哗众取宠把他们塑造成"英雄"的报纸。看到自己和体育明星、影星以及政界要人出现在同一版面，他们就会洋洋自得，令人难以忍受的刑期在他们眼中似乎什么都不是。

如果你告诉我，哪件事让你感觉自己受到了重视，我就可以判断出你是怎样的人。这决定了你的性格,对你来讲至关重要。洛克菲勒在中国北京出资建造了一家现代化医院,救治那些与他素不相识的人。而约翰·迪林杰则通过抢劫银行、杀人满足自己的私欲。被 FBI 联邦调查局追捕时,他逃窜进明尼苏达州一家农场,高喊:"我是迪林杰!"成为全民头号公敌,在他看来是一件值得骄傲的事情。

显然,洛克菲勒和迪林杰满足受重视渴望的方法截然不同。

历史上也不乏因渴望得到重视而努力奋斗的名人轶事。乔治·华盛顿想要人们称呼他为"美利坚合众国总统阁下",哥伦布请求获封"海军上将和印度总督"称号。俄国沙皇凯瑟琳大帝拒绝阅读未写有"女皇陛下"的信件。在白宫时,林肯夫人像母老虎一样对格兰特夫人喊道:"在我面前,未经允许,你怎么敢坐下!"

1928 年,很多富豪资助海军上将伯德到南极探险,因为在那里,新发现的冰山会以他们的名字命名。维克多·雨果最大的渴望是以他的名字重新命名巴黎。甚至文坛泰斗莎士比亚都曾想方设法为家族获取盾形纹章,以光宗耀祖。

有时,人们为了博得同情和关注,引起他人重视,会假扮弱小。麦金利夫人为了让丈夫陪她,无视他身为总统的职责,不允许他处理国事,每天让他花好几个小时躺在床上搂着她,哄她睡觉。她每次看牙医时,总统先生都得陪在身旁。一次,因为总统和国务卿海约翰召开重要会议,把她一个人留在牙医诊所,她还为此大闹一场。

有医学专家认为,如果一个人在残酷的现实世界中得不到重视,他就有可能去疯狂的梦幻世界里寻找,甚至会精神失常。

有人特别渴望得到重视和关注,不惜在疯癫虚幻中寻求安慰。那么试想一下,如果在生活中,我们若能真诚地给予他人欣赏和肯定,将会创造多大奇迹?

在美国商界,最早一批获得百万美元(相当于现在的1500万美元)年薪的人当中,就有查尔斯·施瓦布。(当时还没有个人所得税,一个人每周能赚50美元就已经算是高薪了。)1921年,他被实业家安德鲁·卡耐基任命为美国钢铁公司的首任总裁。这是一家新成立的公司,这时他只有38岁。(后来,施瓦布离开美国钢铁公司,接管了当时陷入困境的伯利恒钢铁公司,在他的努力下,该公司重组后,成为美国最赚钱的公司之一。)

安德鲁·卡耐基为什么付给查尔斯·施瓦布100万美元的高额年薪(大约相当于日薪3000美元)?是因为施瓦布是天才吗?当然不是。是因为施瓦布比其他人更了解钢铁行业吗?这更是无稽之谈。查尔斯·施瓦布曾亲口告诉我,他手下很多人在钢铁制造方面都比他懂得多。

施瓦布说,他之所以能拿到这么高的薪水,主要是因为他善于与人打交道。我问他是如何做到的。下面是他分享的成功秘诀——这些话应镌刻在铜牌上,挂在每家每户门上,挂在学校、商店或办公室里。孩子们应该铭记这些话,而不应把时间浪费在背诵拉丁动词的变化或巴西年降雨量上。只要我们践行这些话,生活就会发生彻底的改变。

"我认为,我最大的本领就是能够充分调动员工的热情,"施瓦布说,"而激发员工最大潜能的方法就是赞赏和鼓励。"

"没有什么比上级的斥责更容易扼杀一个人的积极性了。我从不批评任何人。我相信激励的力量。我乐于鼓励人,而讨厌批评。如果我喜欢什么东西,我就会由衷地赞美,不吝任何溢美之词。"

这就是施瓦布的为人处世之道,我们普通人又是怎么做的呢?

刚好相反。

下属做错了,一顿训斥跑不了;做对了,却听不见任何表扬。就像老话说的,"好事不出门,坏事传千里"。

"我结交了很多世界各地的朋友,其中有很多杰出人士。"施瓦布说,"但我发现,不管一个人的地位有多高,都乐于被称赞。在被称赞后,他不仅工作做得更好,也愿意付出更多努力;而遭受批评时,则恰恰相反。"

施瓦布说的这一切,也正是安德鲁·卡耐基取得非凡成就一个重要原因。不管是私下还是在公开场合,卡耐基都对同事赞不绝口。甚至在自己的墓碑上,安德鲁·卡耐基也镌刻了对他人的赞美之词:"躺在此处的人,生前身边围绕的都是比他聪明的人。"

由衷赞美也是老约翰·洛克菲勒为人处世成功的秘诀之一。他的合伙人爱德华·贝德福德在南美生意失败,令公司亏损了上百万美元。此时,即使他大发雷霆也不为过,但他没有,因为他知道,贝德福德已经尽力,且事情已成定局。相反,他还想方设法鼓励贝德福德,说很高兴贝德福德能够为他保住 60% 的投资。"那已经很棒了!"洛克菲勒说,"没有人能永远成功。"

几年前，一项研究针对离家出走的妻子进行了调查。你觉得她们离家出走的主要原因是什么？答案是，得不到认可。我相信，如果对男性离家出走原因进行调查，很可能也是如此。我们常常把伴侣的付出视作理所当然的事情，很少感谢或称赞他们。

我班上一个学员和我们分享了他的故事。他的妻子在教会了参加了一个自我提升的培训，于是请他帮忙列出她需要自我提升的六个方面。这位学员对全班同学说道：

> 听到这个要求，我很吃惊。坦白来讲，我马上就可以列出六个她需要改善的地方。上帝啊，如果让她找我的毛病，相信她能找出一大堆。但我并没有那样做，而是对她说："让我考虑一下，明早给你答复。"
>
> 第二天早上，我早早起来，打电话给花店，请他们送六枝玫瑰过来，给我的妻子，并附上一张卡片："我想不出有哪六件事需要你改变，我就喜欢你现在的样子。"
>
> 那天晚上我下班回家，你们猜谁在门口迎接我？没错，我的妻子！她感动得快哭了。我很庆幸自己没有按她要求的那样批评她。
>
> 周日，她去教堂时对教友讲了这件事。和她一起参加培训的几位女性走到我面前，对我说："这是我们听过的最贴心的事。"就在那一刻，我深切体会到了称赞的重要性。

你能相信有人仅靠感激就可以建立一个价值200万美元的公

司吗？很难相信，但有人做到了，那个人就是艾丽斯·富特·麦克杜格尔。麦克杜格尔夫人没经过专业培训，也从未做过生意。她丈夫去世后，她几乎身无分文，全部身家只有38美元，还有3个年幼的孩子需要抚养。因此，她不得不想办法养家糊口。她是这样说的：

> 丈夫去世后，我心灰意冷，一度也想跟着他去。如果没有这三个孩子，我很可能撑不下去，但我必须把他们养大。我没有任何工作经验，很难找到工作。对我来说，唯一的希望就是自己创业。
>
> 我丈夫生前一直从事咖啡生意，他过去常会调制一种咖啡，味道醇香，在家里我们也经常饮用。我打算卖这种咖啡，我相信只要有人品尝过，就一定会喜欢上它。我用仅剩的38美元租了一个小咖啡屋——一个迷你房间，除了储存一些咖啡，什么也装不下。我买的咖啡研磨机也是小型的，一次只能研磨0.5磅（1磅≈0.454千克）咖啡。一份50磅的订单，我需要研磨100次。

为了招揽顾客，麦克杜格尔夫人每天从电话簿上选取100个人，写信邀请他们品尝自己特调的咖啡。一开始订单很少，但"我从小就被教导，要时刻保持感恩之心。我把它应用到了卖咖啡上。我给每个人写感谢信。在每封信中，我都认真解释了我多么需要这份订单，而且我也非常渴望为每位顾客提供适合他们口味的咖啡。随后发生的事情，让我十分震惊。虽然咖啡业内很多人都预测,我的店撑不过 6 个月。"

在随后的两年里,麦克杜格尔夫人的咖啡生意蒸蒸日上,后来还进军了餐饮业。她是如何做到这一切的?

> 我的小咖啡店开在曼哈顿中央车站,一连几个月,生意都十分惨淡。一天,雨下得很大,小店外面的走廊里挤满了人,大家浑身湿透,冻得瑟瑟发抖,看起来狼狈不堪!
>
> 我也曾淋过雨,因此很能理解他们的感受。看着躲雨的人们,想到自己的咖啡屋虽然很小,但依然能防风挡雨。为了表达我的感恩之情,我冲回家,取来华夫饼烤盘,卖咖啡的同时,为顾客免费提供华夫饼。自此以后,我们每天都提供免费的华夫饼,但由于需求量太大,最后我们不得不收取一定费用。
>
> 正是这些免费的华夫饼,让我的生意大获成功。5 个月后,来店购买的顾客在店外排起了长长的队伍。5 年后,我拥有了 6 家餐厅,总价值 50 万美元。

没有人比麦克杜格尔夫人更懂得感恩的力量。

弗洛伦茨·齐格飞也深知这个道理。20 世纪早期,齐格飞堪称百老汇音乐剧最负盛名的制作人。每一次演出,他选择的演员都是相貌平平的普通女孩(没有一个是令人惊艳的大美女),但在他的打造下,每一个女孩都变得光彩夺目,在舞台上绽放出迷人的风采,牢牢吸引观众的目光。每天晚上,各行各业的人蜂拥而至,观看"齐格飞女孩"的演出。这些女孩中的很多人都成了美国电影明星，如芭芭拉·斯坦威克、贝蒂·戴维斯以及琼·布朗德尔。齐格飞把普通美国女孩打造成了耀眼巨星。

他是怎么做到的？齐格飞深信赞赏和自信的力量。他每时每刻都在提醒这些女孩，她们是特别的。正是因为他的鼓励和体贴关怀，让这些女孩彻底蜕变，成为观众眼中闪耀的明星。

他还以实际行动关心这些女孩——他把合唱团女孩的工资从每周35美元提高到175美元，同时不失浪漫，风度翩翩。在《富丽秀》首演当晚，他不仅给每位演员发了贺电，还给每个女孩送上了一大束美丽的玫瑰花。

曾有一段时间，特别流行断食，我也跟风进行了尝试，连续6天6夜没有吃东西。这并不太难。第6天结束时，和第2天相比，我并没有觉得多么饿。但如果有人让家人或员工连续6天不吃东西，那会被认为在犯罪。人们渴望称赞就如同渴望食物一样，但人们往往连续6天、6个星期，甚至60年，都吝于对他人真心称赞。

电影《重聚维也纳》的男主角扮演者阿尔弗雷德·伦特曾说过这样一句话："我最需要的，就是对自尊的滋养。"

我们关心孩子、朋友和员工的身体健康，为他们提供健康的食物，但我们却忽视了为他们的自尊提供养分，也很少对他们说出赞赏感激的话语——但实际上，这些话语如同天上的辰星，一闪一闪，会萦绕在他们心间，永远永远。

有的读者看到这里，可能会说："一派胡言，快别说了，你不过是教我们阿谀奉承罢了。我曾经试过，这招根本不管用——尤其是对聪明人。"

对聪明人来说，阿谀奉承当然不会起作用。他们会觉得你肤浅、自私、虚伪，必然会失败，事实也多是如此。诚然，也有一些人，他们渴望得到赞美和肯定，即使明知道不是真心的赞美，他们也会照单全收。

即使是维多利亚女王也很喜欢听恭维的话。大英帝国前首相本杰明·迪斯累里承认，在与女王交流时，他会说很多恭维的话。用他的原话就是"好话说尽"。作为大英帝国统治者之一，迪斯累里处事圆滑，为人精明，但对他有用的东西，不一定对你我有用。从长远来看，阿谀奉承弊大于利。谄媚的话就像假币一样，使用后很可能招来麻烦。

那么，赞美和奉承有什么区别呢？答案很简单，前者真诚，后者虚伪；前者发自真心，后者随口而出；前者无私，后者自私；前者举世称赞，后者千夫所指。

最近，我在墨西哥城的查普尔特佩克宫看到了墨西哥英雄阿尔瓦罗·奥夫雷贡将军（后来成为总统）的半身像。在雕像下方，雕刻着奥夫雷贡的名言："会攻击你的敌人并不可怕，可怕的是会逢迎你的朋友。"

千万记住，我不是在教你溜须拍马，绝对没有。我所谈论的，是一种全新的生活方式。再说一遍，一种全新的生活方式。

乔治五世曾在白金汉宫书房的墙上挂了六句格言。其中一条内容如下："请教会我既不给予也不接受廉价赞美。"恭维奉承，即为廉价赞美。我曾经读过一个关于奉承的定义，觉得有必要和大家分享一下："奉承就是精准告知，对方对自身的看法。"

在社会交往中，如果阿谀奉承有用，那么我们每个人都能学会，每个人都可以成为专家。

不做事时，我们的思维大约95%的时间都围着自己转。如果我们暂且放下自己，想想其他人的优点，那么在和他人交往时，我们就无须那些廉价虚伪的奉承话——这样的话往往还没出口，就会被识破。

称赞他人是一种美德，但在日常生活中却最容易被忽视。不知为何，孩子考出好成绩时，我们不表扬他们；孩子第一次成功搭建鸟窝或烘焙蛋糕时，我们也忘了鼓励他们。每一个孩子都渴望父母的认可和表扬，没有什么比这更让他们高兴了。

下次外出就餐，如果品尝到了美食，请不要忘了赞美厨师；购物时，若疲惫的售货员依然耐心礼貌地接待你，记得对他说声谢谢。

不论是牧师、讲师还是演说家，他们都深知，当他们在台上慷慨陈词，台下观众却没有丝毫反应和赞许时，自己是多么沮丧。专业人士尚且如此，如果办公室同事、商店店员、工厂员工，乃至我们的朋友、家人，若有同样境遇，痛苦只会加倍。在人际交往中，永远不要忘记，大家都是普通人，都渴望被赞美和肯定，赞美的话能让人心情愉悦。

日常生活中，请记得及时表达感恩和赞美。你会惊讶地发现，小小火花足以燎原，点燃友情的火焰，成为你快乐的源泉。

谴责批评不会令人改变，也毫无意义。有一句老话我很喜欢，我把它剪下来，贴在了镜子上，时刻提醒自己。

人生只有一次。因此，我要尽己所能，存善心，行善事，友好待人。让我现在就去做，不拖延、不漠视。毕竟，人生无法重来。

伟大的思想家拉尔夫·沃尔多·爱默生说过："所遇之人皆有优于我的地方，都是我学习的榜样。"

如果爱默生都这样认为，你我不是更该如此吗？请暂停思考自己的得失和欲望，努力想想别人的优点。千万别说阿谀奉承的话，要发自内心地给予他人赞美和肯定。"由衷赞美，不吝任何赞美之词。"

> • 原则 2：
> **给予他人真诚的赞美。**

3. 激发他人内心强烈的渴望

以前，夏天我常去缅因州钓鱼。我非常喜欢草莓和奶油，但鱼类和我们不同，它们更喜欢虫子。因此，每次去钓鱼时，我不能考虑自己喜欢什么，而是要考虑鱼儿想要什么。我不会用草莓或奶油做诱饵，而是挂上虫子或者蚂蚱，诱惑鱼儿："你们很想吃吧？"

用鱼儿喜欢的虫子做诱饵，是人人都知道的常识。那么在"钓"人时，为什么我们就不能投其所好呢？

一战期间，前英国首相劳合·乔治就采用了同样的方法。有人问他，当其他战时领导人——美国总统伍德罗·威尔逊、意大利总理维托里奥·奥兰多、法国总理乔治·克列孟梭——逐渐被人们遗忘时，他凭借什么能继续执掌大权？他说，如果非要给他的成功找一个理由的话，那就是他懂得给鱼爱吃的饵料。

为什么你总想着自己的欲望呢？这样做就像小孩子一样幼稚可笑！当然，你对自己的需求感兴趣，这很正常，但除了你之外，其他人并不在乎你想要什么，他们和你一样，只对自己想要的东西感兴趣。

所以天底下只有一个方法可以影响他人，就是和他们讨论他们想要什么，并告诉他们如何获得。

下次，当你想让他人做事时，可以试试这个方法。例如，你不想让孩子吸烟，那么你不要指责他们，也不要说你想让他们如何，而要告诉他们，吸烟可能导致他们无法加入篮球队，也不能在百米冲刺中获胜。

不管你和谁打交道，孩子也好，甚至是小牛或者大猩猩，这个方法都非常实用。举个例子，有一天，爱默生和他的儿子想把一头小牛赶进谷仓，但他们犯了一个常见的错误，即只想着自己想要什么。爱默生在后面推，他儿子在前面拉。但这头小牛和他们一样，也只想着自己想要的，不肯离开牧场。因此小牛四个蹄子使劲蹬着地面，拒绝移动。在牧场长大的女佣路过谷仓时，凑巧看见了他们的困境。她不会写优美文章，也不会著书立说，但显然，和爱默生相比，她更了解马和牛，因此她知道小牛想要什么。她把手指放进小牛嘴里，让它吸吮她的手指，然后温柔地把小牛引进了谷仓。

自你来到世界那天开始，你所做的一切都是为了满足自身渴望。那给红十字会捐钱怎么说？没错，依然是为了满足你的渴望。捐款是因为你想伸出援助之手，想无私奉献，完成一件神圣美好的事情。《圣经·马太福音》说："这些事你们既做在我这弟兄中一个最小的身上，就是做在我身上了。"

显然，你的这一渴望远超对金钱的喜爱，否则，你就不会捐款了。当然，也有可能是因为你不善于拒绝，或者是应他人所求,不得已而为之。但可以肯定的是,你捐款是因为你想要满足自己的渴望。

哈里·奥弗斯特里特在其著作《影响人类行为》中写道:"行动源于我们最根本的渴望……无论在商界、政界、家庭还是学校里,说服别人的最佳途径是,激发对方强烈的渴望。能者纵横天下,庸者踽踽独行。"

安德鲁·卡耐基出生于苏格兰一个贫困家庭,年轻时,他每小时只能挣2美分,但晚年的他向社会捐赠了3.65亿美元。他很早就明白,要想影响他人,唯一的方法就是想他人所想。卡耐基虽然只上过4年学,但他学会了如何有效地与人打交道。卡耐基有两个侄子,都在耶鲁大学读书。他们总是很忙,不仅不给家里写信,即使收到母亲表达关心的来信,也从不回信,这让他们的母亲很伤心。卡耐基和人打赌(赌注为100美元)说,无须提出回信要求,他就可以让两个侄子主动回信。于是,他给侄子们写信聊了家常,并在信中不经意提到,他随信给每人邮寄了5美元。

但实际上,他并没有在信封里放入5美元。

两个侄子很快回信表达感谢:"亲爱的安德鲁叔叔……"后续内容,你完全可以想象。

斯坦·诺瓦克是我的一个学员,他来自俄亥俄州。一天晚上,斯坦下班回家,发现小儿子蒂姆正躺在客厅的地板撒泼打滚。原因是他第二天不想去幼儿园,正大吵大闹地抗议。往常,斯坦都会把孩子赶回他自己的房间,然后告诉他第二天必须上学。他一直都是这么做的。但那个晚上,他意识到,这样做并不能让孩子心甘情愿地去幼儿园。于是斯坦坐下来，开始思考："如果我是蒂姆，幼儿园有什么事情能够让我兴奋呢？"他和妻子列出了所有蒂姆会感兴趣的事情，如手指画、唱歌、结交新朋友，于是他们立刻行动起来。"我，我的妻子利尔，还有我们的大儿子，开始在厨房的桌子上画手指画，我们玩得很开心，很快就吸引了蒂姆的注意，他躲在角落里偷偷看我们玩儿，不一会儿，他就请求加入。'不行，这些都是幼儿园教的，你得先学会怎么画，才能和我们一起玩。'我调动起所有的热情，用他能理解的方式，和他描述幼儿园是多么有趣。第二天早上，我本以为我是第一个起床的。但当我下楼时，发现蒂姆坐在客厅的椅子上睡觉。'你在这儿做什么？'我问他。'我等着去幼儿园……我不想迟到。'我们全家的热情激发了蒂姆上幼儿园的急切渴望，这是再多的讨论或威胁都无法实现的。"

下一次，当你想要说服他人做事时，在说话前，先停下来问问自己："我怎样才能让对方愿意做这件事？"

这个问题可以避免我们冲动行事，大谈特谈自己的渴望。

一次，我租用了纽约一家酒店的大宴会厅，用来举办系列讲座。每个季度使用20个晚上。

有一个季度，开课前夕，酒店突然通知我涨租金，价格差不多是以前的3倍。当时我们已经售完票，通告也发出去了，才得到这个消息。

我当然不想多付租金，但是和酒店探讨"我想要什么"有什么用呢？他们只对自己想要的东西感兴趣。几天后，我去拜访酒店经理。

"收到你的信,我很吃惊,"我对他说,"但我一点儿也不怪你,如果我处在你的位置,我可能也会写类似的信。作为酒店经理,为酒店尽可能创造更多利润是你的职责所在。如果你不这样做,很可能被解雇。那么,在涨租金前,我们来看看,如果你坚持涨租金,会带来哪些好处和坏处。"

然后,我拿出一张纸,在中间画一条线,分别写下来"好处"和"坏处"。我在"好处"一栏写下"宴会厅空置",然后对经理说:"如果不把宴会厅租给我们,你也可以出租举办舞会或者商务会议,收入要比租给我们多很多。这个是一个很大的好处。如果每个季度我占用20个晚上,那就意味着你们失去这部分丰厚利润。

"接下来,我们看一下有什么坏处。首先,涨价的话,我不租了,这一部分收入你就没有了。也就是说,我们的交易结束。如果你坚持涨价,而我付不起你要的价,那我不得不选其他地方办讲座。

"还有一个坏处。参加我讲座的都是一些受过高等教育、有文化的人,他们来到你的酒店,这对你们来说,难道不是很好的推广方式吗?事实上,即使你花5000美元在报纸上打广告,也不会像我的讲座那样,可以吸引如此多高端人才来你们酒店。这对酒店来讲,很值得,不是吗?"

我一边说,一边在"坏处"一栏记下这两点不足,然后把列表递给了经理,并且说:"我希望你认真思考这些优缺点后,再给我答复。"

第二天,经理给我回了信,告知我只涨50%的租金,而不是原来的3倍。

请注意，我并没有说我想要什么，经理就做出了让步。我一直在谈论对方想要什么，以及他如何做才能满足。

但如果我冲进经理办公室，大声质问他："我票也卖了，通告也发了，你这时跟我要3倍租金是什么意思？3倍！太荒谬了！太荒唐了！我是绝对不会付这个钱的！"

那么，接下来会发生什么？一场争论在所难免——但你也知道，一般这样的争论是不会有结果的。即使我让他意识到自己错了，他的骄傲也不会让他向我低头，做出退步。

这里有一条关于人际关系艺术的最佳建议。"如果成功有秘诀，"亨利·福特说，"那么秘诀就在于理解他人的观点，同时从自己和他人两个角度看问题。"

这句话道理深刻，值得再次强调一下："如果成功有秘诀，那么秘诀就在于理解他人的观点，同时从自己和他人两个角度看问题。"

这句话的意思简单明了，人人都能懂。但在这个世上，90%的人在绝大部分的情况下都忽略了它。

看看早上放在办公桌上的信件，你很可能发现，其中大部分都无视了这一重要常识。举个例子。这是一封由广告公司电台部负责人写的信，写给全国各地广播电台的经理。这家公司规模庞大，分公司遍布全美。（下面是信的内容，我在括号内表达了我对每一段的想法。）

约翰·布兰克先生致启

布兰克维尔

印第安纳州

亲爱的布兰克先生：

本公司希望能够继续保持在广播领域的领先地位。

（谁在乎你们公司希望怎样？我自己的事还不够我担心的呢！银行取消了我房子的抵押贷款赎回权；虫子正在啃食我的蜀葵；昨天股市大跌；早上我错过了8点15分的那趟列车；昨晚琼斯家的舞会没有邀请我；医生说我有高血压、神经炎，我头上长满了头皮屑……这还没完。早上，当我心情烦躁地走进办公室，打开信封，发现有个纽约来的家伙傲慢无礼，张嘴就说他们公司希望怎样怎样。气死我了！他如果知道自己的信让人这么不爽，一定不好意思继续在广告界混下去。还不如去生产消毒液呢！）

遍布全国的客户给了我们最大的倚仗。多年来，我们连续获得黄金时段广告播放权，这也让我们一直处于行业领先地位。

（你们公司财大气粗，还是行业领军，没错吧？但那又怎样？即使你们公司和通用汽车、通用电气以及美国陆军总参谋部加起来一样大，我也毫不关心。如果你不蠢的话，就该知道，我只关心我自己有多么重要——而不是你们公司有多重要！大谈特谈你们公司多么成功，只会让我感觉自己很渺小、无足轻重。）

我们希望通过电台为我们的客户提供最新资讯。

（你希望，什么都是你希望！你就是个彻头彻尾的混蛋！我对你想要什么毫无兴趣，别说是你了，就算是美国总统的希望，我也不在乎！听好了，我最后再说一次——我只关心我想要的，而你的信里没有提到任何和我相关的话，真是荒谬！）

因此，是否可以优先为我们公司提供贵台资讯，告知在预定时段对我们公司有用的细节。

（优先考虑？你还真敢说！你对着我猛夸了一顿你们公司，完全无视我的感受，然后让我"优先考虑"，甚至连个"请"字都不说！）

望立刻复函确认！告知你们最近的动向，这对双方都有好处。

（真是没长脑子！在我一心为了房贷、蜀葵、高血压烦心的时候，你给我发了这样一封信函——还是群发的，然后你竟然还好意思要求我坐下来，亲自给你写一封确认函，还要求我"立刻"照办！立刻？你什么意思？你不知道我很忙吗？——至少，我认为我很忙。说到这里，我想知道，谁给你这么大权力来指使我？……最后，你说"对双方都有好处"，终于想起我也应该得到好处了？说到我的好处，你就含糊其词，我到底能得到什么好处？）

你真挚的，

XX

广播部经理

附言：随信附上《布兰克维尔日报》部分复印件，希望您感兴趣。若感兴趣的话，希望可以在贵台播出。

（到了附言部分了，你总算提到了一点儿对我有帮助的东西。你为什么不在信的开头说这个呢……可能也没什么用。任何一个广告人，但凡脑子没病，都不会给我发来这样一封信，满篇胡言乱语。你需要的不是我们提供的最新资讯，而是需要两斤碘酎，来治疗你的甲状腺。）

你看，广告商——推销的专业人士，自诩能够影响顾客购买行为，但也只能写出这样的信件，我们又能从屠夫、面包师或汽车修理工那里期待什么呢？

还有一封信，是一家大型货运站主管写给我的学员爱德华·维尔麦伦的。这封信对收信人有什么影响呢？我们一起来读一下。

爱德华·维尔麦伦

阿泽雷泽森公司

前街 28 号

纽约布鲁克林 11201

尊敬的先生：

我们铁路收货站在运营上遇到了一些问题。由于大部分货物都是今天下午很晚才到达收货站，导致货物积压严重，即使员工加班加点，依然无法及时完成装卸，进而延误了货物运输。11月10日，我们收到贵公司510件货物，均是在下午4点20分送达的。

我们恳请与您合作，通力解决因收货延误导致的问题，以消除不良影响。今后，若再有如同上次那样的大宗货物需要运送时，可否请贵公司在发货当日早些把货物送到，或者上午先送来一部分？

这样做不仅有助于贵公司货物及时卸车，同时也能确保贵公司货物在到货之日就安排发送。

您真挚的，

XX

作为阿泽雷泽森公司的销售经理，维尔麦伦读了此信后，把信寄给了我，随信附寄了他的评价。

"这封信的效果适得其反。信一开头，他们就喋喋不休地抱怨自己遇到的困难——说实话，我对此并不感兴趣。随后在要求我们合作时，也没有考虑是否会给我们带来不便。并且最后一段才提到，如果我们合作，会给我们带来的好处：我们的卡车可以及时卸货，货物在卸货当日就可以运输发送。

"换句话说，他们把我们最感兴趣的事情放到了最后，这样做无疑会起到反效果，只会激发我们的反感，而不想配合。"

我们来看看，是否可以对此信做一些修改，达到预期效果。不要浪费时间抱怨你的问题。回想一下亨利·福特的话："理解他人的观点，同时从自己和他人两个角度看问题。"

下面是经过修改的信，可能不是最好的选择，但有了很大改善。

爱德华·维尔麦伦
阿泽雷泽森公司
前街 28 号
纽约布鲁克林 11201

亲爱的爱德华·维尔麦伦先生：

非常感谢贵公司的惠顾。有幸与贵公司合作 14 年之久，此间我们建立了良好的合作关系。我们渴望一如既往为您提供便捷高效的服务。但遗憾的是，11 月 10 日，您的卡车下午很晚才送货，导致我们无法为您及时卸货运送。为什么呢？因为很多顾客选在下午送货，导致货物堆积。不出意外，您的卡车不得不滞留码头，排队卸货，由此很可能导致发货运输的延误。

对此，我们深表遗憾。但这种情况是可以避免的。若情况允许，希望贵方货物在上午运抵码头，这样，您卡车上的货物不仅可以及时卸货，货物也能够及时得到处理。而且，我们的工人晚上也可以准时下班，享用贵公司生产的美味通心粉等美食。

不管您的货物何时送达，我们都将竭诚为您提供方便快捷的服务。

鉴于您工作繁忙，可不必费心回信。

您真挚的，
XX

芭芭拉·安德森在纽约一家银行工作，为了儿子的健康，她有意搬到亚利桑那州的凤凰城生活。她运用在我的课上学到的原则，给凤凰城的12家银行写了求职信，内容如下。

尊敬的先生：

本人曾在银行工作10年，经验丰富，现有意加入贵行，奉献自己的一份力量。我曾就职于纽约信孚银行，一路从基层升至分行经理，因此了解银行各阶段运营，在维护客户关系、信贷、借贷以及行政管理等方面具有丰富经验。

我将于5月份搬至凤凰城，相信可以为贵行的利润增长做出巨大贡献。4月3日我将来到凤凰城，预计停留一周，希望有机会与您进一步接触，展示我的能力，向你们阐述我将如何助贵行达成各项目标，我将不胜感激。

您真挚的，
芭芭拉·安德森

你觉得，会有银行回复安德森女士的这封自荐信吗？ 12家银行中，11家给安德森女士发出了面试邀请，她把选择权掌握在了自己手中。为什么这么多家银行给她机会？关键在于，在安德森女士的信中，她强调了自己能够为银行做什么，重点关注了银行的需求，而不是她自己的需求。

无数销售人员为了业绩到处奔波，身心俱疲，但见效甚微，自然也赚不到钱。为什么？因为他们总是只考虑自己想要什么，而没有意识到，人们其实不想买任何东西。如果我们需要任何东西，我们自然会出去买。每个人都只想解决自己的问题。如果销售人员向人们表明，他们的服务和商品能够解决他们的问题，自然就会有人购买。人们想要的是主动购买的感觉，而不是被推销。

许多销售人员终其一生都在"推销"，但很少从顾客的角度思考问题。我在纽约皇后区的森林山小区有一所房子，我曾在那里住过很多年。一天，当我赶着去火车站时，遇到一位房产中介，他负责这个小区房产买卖很多年了。他应该很熟悉这个小区，我匆忙中问了他一下，我家房子的建材是金属板材还是空心砖，他说他也不清楚，建议我打电话问森林山园区物业——我当然知道可以打电话咨询。第二天早上，我收到了他写给我的信。他是专门回复我的问题吗？打个电话，不用一分钟，他就可以知道答案，然后告知我。但很遗憾，他没有这样做。他再次告诉我，我可以自己打电话询问，然后就开始向我推销保险。

他没兴趣帮我，一心想着怎么帮到自己。

霍华德·卢卡斯来自亚拉巴马州伯明翰市，他给我们讲了一个小故事，关于一家公司两个销售员面对同一件事采取的不同处理方式及其结果。据他说：

> 几年前，我在一家小公司担任管理层。一家大型保险公司总部就在我们隔壁。他们的销售人员都有各自负责的区域，卡尔和约翰恰好负责我们公司所在区域的保险业务。
>
> 一天早上，卡尔来到我们公司，随口提到，他们公司为高级管理人员推出了一种全新的人寿保险，如果我们感兴趣的话，等他了解了详细信息后告诉我们。
>
> 同一天，约翰喝咖啡回来，在人行道上看见了我和我的一位同事，他大声对我们说："嘿，卢卡斯，等一下，我有个好消息要告诉你们。"他快步朝我们跑了过来，非常兴奋地告诉我们，他们公司推出了一款高管人寿保险（就是卡尔早上随口提到的那个保险）。他希望我们成为第一批投保人，于是向我们详细介绍了保险的覆盖范围等重要信息，最后说："这个政策刚刚推出，明天我会请总部的人过来详细解释。现在请你们填一下申请表，这样我的同事就可以充分了解你们的需求。"虽然我们对这个保险还不太了解，但他的热情引起了我们的兴趣。随后总部来人确认了约翰介绍的内容，我们不仅每人买了一份保险，还把投保额翻了倍。
>
> 卡尔原本也可以获得这份业绩，但他并没有做任何努力来激发我们的投保兴趣。

这个世界上到处充斥着贪婪、谋求私利的人，但大公无私、努力造福他人的人却很少。这样的人必定占据优势，无人能敌。

美国著名律师、美国无线电公司创始人欧文·扬曾经说过："那些能设身处地为他人着想的人、理解他人想法的人，永远不必担心未来。"

如果说，从本书中，你只能明白一个道理——设身处地站在他人角度看问题，仅此一点，就可以为你的事业打下坚实的基础。

站在他人的角度思考问题，激发对方的兴趣，并不意味操纵他人做损人利己的事情。双方协商是为了彼此都获利。就拿给维尔麦伦先生的信来说，如果建议得到落实，双方都会获利。通过安德森女士的求职信，银行会获得一位有价值的员工，而安德森女士会得到一份满意的工作，依然是双赢结果。

想要他人为你做事，最佳的方法就是，告诉对方他们也会因此获益。

迈克尔·惠登的事就可以证明这一点。迈克尔是壳牌石油公司的销售员，负责罗德岛地区业务。有一件事困扰他很久，一直无法解决，但他明白了上述道理后，很快就解决了自己的问题。迈克尔一直努力，想成为当地的销售冠军，但该地区有一家服务站，又破又旧，销售额连年下滑，这让迈克尔的冠军梦成为泡影。

这家服务站经营者年岁很大，固执且不听劝。不管迈克尔怎么请求，他都不愿意对服务站进行改造。一开始，迈克尔尝试和他讲道理，并提供有效建议。无果！他又开始推心置腹地和他沟通，希望感动他，依然没用。不管迈克尔怎么求他，都不管用。这位老人就像一头倔驴一样，软硬不吃。

迈克尔又想了一个方法：他邀请这位经理参观罗得岛地区一家新建的服务站，希望借此激励他升级改造他的服务站。这位经理对此很感兴趣，他也想看看其他同行什么情况，便欣然应允。于是迈克尔安排了一次新服务站的实地考察。

新服务站的一切让这位经理大为赞叹，回去就立刻升级改造了自己的服务站。当迈克尔再次踏进他的服务站，差点儿没认出来——服务站焕然一新，销售额也屡创新高。迈克尔最终实现了自己的目标，成为地区销售冠军。

迈克尔晓之以理动之以情的谈话，这位经理无动于衷；但迈克尔带他参观新服务站，带他展望了自己加油站的美好未来，便彻底激起了他的强烈兴趣。最终，迈克尔不仅达成了自己的目标，也让这位经理获得了好处。

在大学里，人们品鉴莎士比亚的著作，掌握微积分的奥秘，却从来没有想过自己的大脑是如何运作的。我曾受邀为开利冷气公司（一家大型空调制造商）新入职员工做培训，教授"好好说话"的艺术。其中一位学员想约他人在闲暇时一起打篮球，于是他说："我想让你出来和我们打球。我喜欢打篮球。但之前几次我在体育馆想打球时，人都不够，凑不成一队。前天晚上，我们只有三个人，只能扔球玩，结果不小心砸到了眼睛，都青了。我希望你们明天晚上都能来，我实在太想打球了。"

他有考虑你的想法吗？完全没有。你不想去没有几个人的体育馆，你不在乎他想要什么，你更不想被砸得鼻青脸肿。

如果他告诉你，在体育馆一起打球，不仅可以让你充满活力、胃口变好、大脑清醒，而且很好玩，还有篮球比赛，你会怎么选呢？当然是去了。

还记得奥弗斯特里特教授的金玉良言吗？"激发对方强烈的

渴望。能者纵横天下，庸者踽踽独行。"

杜奇曼是一位电话工程师，他三岁的女儿总是不好好吃饭。他用了各种办法，责骂、恳求、哄骗，都不管用。他和他的妻子都很犯愁："到底怎么才能够让她好好吃饭？"

这个小女孩很喜欢模仿妈妈，假装自己是一个大人。于是一天早上，他们把小女孩放在椅子上，让她自己做早餐。小女孩很高兴，在搅拌麦片时，看见爸爸走进厨房，她向爸爸展示："看，爸爸，今天是我做的早餐。"

那天早上，没用任何人哄，小姑娘吃了两份麦片。一是因为自己做早餐激起了她的兴趣，二是因为她感觉自己受到了重视，自己做早餐给了小女孩表达自我的机会。

戏剧评论家威廉·温特曾说过："自我表达是人性中最重要的需求。"那么，我们为什么不能把同样的心理运用到商业交往中呢？当我们有了一个绝妙想法时，与其让他人接受我们的想法，为什么不让他们自己主动"烹饪"这个想法呢？这样他们就会觉得这是他们自己的主意，进而喜欢它，欣然去执行。

请记住，说服别人的最佳途径是，激发对方强烈的渴望。能者纵横天下，庸者踽踽独行。

> • 原则 3：
> **激发他人内心强烈的渴望。**

小 结　　为人处世的三大基本原则

- 原则 1　不批评，不指责，不抱怨
- 原则 2　给予他人真诚的赞美
- 原则 3　激发他人内心强烈的渴望

人性的弱点

PART 2

第二部分
让他人立刻喜欢上你的六大方法

1. 真诚地表现出对他人的兴趣

为什么要从本书中寻找交友之道？为什么不向这个世界上最伟大的交友高手学习呢？他是谁？可能明天你就会在街上遇到他。当你们相聚好几米远时，他就会冲着你欢快摇尾巴。若你停下来，摸摸他，他就会围着你不停转圈圈，告诉你他有多喜欢你。你很清楚，他向你示好，背后没有任何企图——既不会向你推销房子，也不是想和你结婚。

你有没有想过，家里养的各种动物中，为什么只有狗不需要工作？母鸡要下蛋，奶牛要产奶，金丝雀要唱歌，而狗只需全心全意爱你，就可以得到你的关注。

5岁时，我父亲花了50美分，给我买了一条黄色小狗，我给它起名"蒂皮"。蒂皮的到来给我的童年带来无尽的温暖和快乐。每天下午4点半左右，它都会坐在前院，美丽的大眼睛全神贯注地注视着小路，一旦听到我的声音，或者在灌木丛中看到我挥舞的饭盒，它就会像子弹一样跳起，冲上山坡，跑到我身边，激动地连蹦带跳，高兴地叫着欢迎我。

我整整有 5 年的时光是和蒂皮一起度过的。我永远无法忘记惨剧发生的那晚——就在距离我 10 英尺的地方，它被闪电击中，不幸去世。蒂皮的死亡，成为我童年时挥之不去的阴影。

蒂皮，你从未读过任何心理学的书籍，你也不需要读——发自内心地喜欢人类，是你神圣的本能。你知道，只要真诚地关注他人，那么你在两个月内交到的朋友比那些挖空心思吸引别人注意的人在两年内交到的朋友还多。

再重申一下：只要真诚地关注他人，那么你在两个月内交到的朋友比那些挖空心思吸引别人注意的人在两年内交到的朋友还多。

但你我都知道，有些人一生都在汲汲求取，希望引起他人的兴趣和关注。

很显然，这并没有什么用。人们对你不感兴趣，对我也不感兴趣，人们只对自己感兴趣——不管什么时候，都是如此。

纽约电话公司做了一项调查，想找出在日常通话中，哪个词使用频率最高。没错，正如你所想的：人称代词"我"。"我""我""我"。在研究的 500 次通话中，这个词被使用了 3900 次。

"我""我""我"。

回忆一下，当你看和他人的合影时，你第一眼看的是谁？

如果我们只是想给别人留下深刻印象，让他们对我们感兴趣，那我们很难交到真心朋友。朋友，真正的朋友，这样是交不到的。

拿破仑尝试过，与约瑟芬的最后一次会面中，他说："约瑟芬,我曾是世界上最幸运的人;但此时此刻,这个世上我能依靠的人只有你了。"但历史学家对此提出质疑,认为约瑟芬不值得他的信任。

维也纳著名心理学家阿尔弗雷德·阿德勒在其著作《自卑与超越》中写道:"对同胞漠不关心的人,害人害己,自己灾难不断,也会给他人带来严重伤害。他们正是人类走向失败的根源。"

你可能读过很多心理学书籍,但如阿德勒这样意义非凡的话可能并不多,因此,很有必要再次重申一遍:对同胞漠不关心的人,害人害己,自己灾难不断,也会给他人带来严重伤害。他们正是人类走向失败的根源。

我曾经在纽约大学修过一门短篇小说写作课程。一次课上,给我们上课的是一位颇受欢迎的杂志编辑。他说,每天他的办公桌上小说投稿堆积如山。每篇文章,他只需读几段就知道这个作者是否在意读者。"如果某个作者不喜欢读者,"他说,"读者自然也不会喜欢他。"

这位严肃的编辑在上课过程中,有两次停下来,为自己的说教道歉:"我刚说的,你们可能在牧师那里都听过了,但我还是想提醒大家,如果你想成为一名成功的作家,首先要对他人有兴趣。"

如果这样有助于写出好小说,那么同样,这也必然有助于人与人面对面的沟通。

大魔术师霍华德·瑟斯顿上一次来百老汇演出时,我们曾在更衣室秉烛夜谈。40 年来,瑟斯顿是举世公认的魔术大师,经常到世界各地演出,营造奇妙幻觉,带给观众美妙享受。看过他表演的人超过 6000 万，也让他赚取了数百万美元。

我问瑟斯顿先生他成功的秘诀——这显然和他的受教育程度无关，因为他很小就离开家四处流浪，扒过火车，睡过干草垛，也曾到处乞讨。他识字都是在车厢中观看沿途标志牌学会的。

那么，他掌握了高深的魔术知识吗？并没有。他告诉我，关于魔术的书籍不下几百本，和他一样了解魔术的人有很多。但他有两样东西是其他人没有的。首先，在舞台展现自己魅力的能力。他是个表演大师，非常了解人性。舞台上他的每个表现，包括每个手势、每个语调，甚至每一次扬起眉毛，都经过仔细的排练，时间精确到秒。其次，更为重要的是，瑟斯顿先生真心在意自己的观众。他对我说，很多魔术师一边表演，一边想着："下面就是一群笨蛋，很容易骗过他们。"瑟斯顿先生完全不会这样想。他对我说，每次在舞台上，他都会对自己说："我很荣幸大家今天来看我的表演。我热爱表演，正是他们让我能从事所爱的事业。我要尽己所能，为他们献上最好的表演。"

他说，每次登台演出前，他都会一遍又一遍对自己说："我爱我的观众，我爱我的观众。"很可笑吗？觉得荒谬吗？你有权利发表自己的看法。我只是和大家想分享一下这位有史以来最伟大的魔术师的成功秘诀。

乔治·戴克在宾夕法尼亚州北沃伦一家加油站工作了 30 年。由于附近要新建一条高速公路，不得不拆除加油站，戴克被迫退休。他厌倦了退休后闲散的日子。为了打发时间，他拿起了搁置已久的小提琴，还经常去听小提琴演奏会，接触到了很多著名小提琴家。他为人谦虚友善，对遇到的每位小提琴家的经历都感兴趣。虽然他演奏小提琴的水平不是很高,但结交了很多朋友。他乐于参加各种比赛,美国东部乡村音乐爱好者很快就喜欢上了他,亲切地称他"来自金祖阿县的小提琴手乔治叔叔"。当时,乔治叔叔已经72岁了,他享受着人生的每一分钟。很多人退休后都会觉得自己没用了,但乔治却凭借自己对他人的浓烈兴趣,开创了一种全新的生活。

西奥多·罗斯福备受人民爱戴,原因也在于此。就连他家的用人都很喜欢他。他的贴身男仆詹姆斯·阿莫斯曾写过一本书,叫作《致我的英雄:西奥多·罗斯福》。书中,阿莫斯讲述了他亲身经历的一个小故事。

> 一次,我妻子向总统请教美洲鹑是什么样子。她从未见过这种鸟,于是总统先生给她详细地介绍了这种鸟。过了一段时间,我家电话响了(阿莫斯和妻子住的小屋在牡蛎湾总统庄园边上)。我妻子接起电话,是总统打来的。总统特地打电话告诉她,在她的窗外有一只美洲鹑,如果她现在向外看,就可以看到它。小事往往最能展现一个人的性格。每次他路过我们的小屋时,离很远,即使我们还见不到人,就可以听见他的声音:"噢——安妮在吗?"或者"嗨——詹姆斯!"每次他路过,都会友好地和我们打招呼。

员工怎么会不喜欢这样的老板呢?有谁会不喜欢呢?

一次,卸任后的罗斯福先生到白宫拜访,恰巧塔夫脱总统和夫人都不在。罗斯福真诚地问候了白宫的每一位工作人员,他记得他们所有人的名字，包括清洁女工。即使面对地位低的人，他也一视同仁，以诚相待。

"当他看到厨房女佣爱丽丝时，"阿奇·巴特（曾先后担任罗斯福和塔夫脱总统的助手）写道，"还问她是否还在做玉米面包。爱丽丝说有时候会做给工作人员吃，但楼上的人不吃。"

"他们可真没品位，"罗斯福大声说道，"等我见到他（塔夫脱）时，一定要告诉他。"

"爱丽丝用盘子给罗斯福先生端来一片玉米面包。在去办公室的路上，他一边吃，一边和碰到的园丁及其他工作人员打招呼。"

"他还像过去一样和每个人打招呼。艾克·胡佛在白宫担任了40多年的首席接待员，他眼含热泪说：'这是这两年来，我们最快乐的一天。是多少钱也买不来的珍贵时刻。'"

小爱德华·M·赛克斯是新泽西州查塔姆市一名销售员，正是因为周围人的关切，他保住了一位重要客户。"多年前，"据赛克斯回忆，"我是强生公司的销售员，主要负责在马萨诸塞州推销产品。欣厄姆有一家杂货店，每次去这家店做业务时，到店后我都会先和店员打招呼，聊几句，然后去找店主取订单。一天，在和店员打过招呼后，我去找店主拿订单，却遭到了老板的拒绝，他说不再从强生公司订货了，因为他觉得强生只知道给超市和折扣店做活动，根本不重视他们这种小杂货店。我灰溜溜地离开了，心情沮丧，开车在镇上转了几个小时。最终，我决定回去找店主，向他解释事情并不是他想的那样。

"进店时,我像往常一样和店员打招呼,然后去找店主。店主不仅没有赶走我,还满面笑容地迎接我,给了我双倍订单。我非常吃惊,询问中间这几个小时发生了什么事。他指向卖饮料的男孩说,在我离开后,那个男孩走过去对他说,来店里的销售员很多,很少有人会费心和他及其他售货员打招呼,我就是其中一个。那个男孩和店主说,如果哪个销售员值得合作,那个人就是我。店主被说服,自此成为我忠实的客户。通过这件事,我明白,对销售员来讲,最重要的品质就是真心在意他人——事实上,对任何人来说都是如此。"

我的个人经历说明,即使是炙手可热的名人,也会被他人真诚相待所感动,进而愿意花时间与你交流合作。

多年前,我在布鲁克林艺术科学学院开设了一门小说写作课程。我们想邀请一些著名作家分享他们的写作经验,如凯瑟琳·诺里斯、范妮·赫斯特、艾达·塔贝尔、阿尔伯特·佩森·特休恩和鲁伯特·休斯等。于是我们写信给他们,表达了我们的钦佩之情,同时表示我们迫切渴望获得他们的指导,学习他们的成功秘诀。

全班150名学员在每封信上都签了名。我们在信中还提到,我们很理解,作家大都工作繁忙,可能没时间为我们做讲座,因此随信附上一份问题清单,望他们能抽空予以解答。作家们很感动——谁会不喜欢呢?他们纷纷从各地来到布鲁克林,为我们答疑解惑。

用同样的方法,我又说服了各行各业无数杰出人士来到我的公开演讲课上,与我的学生交流,包括西奥多·罗斯福内阁的财政部长莱斯利·肖、威廉·塔夫脱内阁的司法部长乔治·威克沙姆,以及其他名人如威廉·詹宁斯·布莱恩、富兰克林·罗斯福等。

所有人——不管是工厂里的工人、办公室里的职员,还是王位上的女王——都喜欢仰慕自己的人。

如果你想交朋友,就要学会付出,真心为他人做些事。这些事可能需要你付出时间、精力、慷慨和关心。在温莎公爵还是威尔士亲王时,他曾受邀出访南美洲。出发前,为了在西班牙演讲时能够使用该国语言,他花费数月学习西班牙语,从而赢得了南美洲人的喜爱。

多年来,我知道每一个朋友的生日。我是怎么做到的?虽然我不研究占星术,但和朋友聊天时,我会问他们是否相信一个人的性格和出生日期有关,然后请他们说出自己的生日。如果有人告诉我他的生日是11月24日,我就会默念"11月24日,11月24日",然后趁他不注意,把他的名字和出生日期记下来,最后汇总在一本生日簿上。每年年初,我都会把每个人的生日标注到日历上,到这一天我自然就会看到了。朋友生日当天,我都会送上祝福信或卡片。每个收到祝福的人都十分惊喜!很多时候,我竟是唯一一个记得他们生日的人。

如果你想交朋友,就要主动热情地和别人打招呼。即使接电话时,也要展现出你的热情——一句热情洋溢的"你好",可以轻易让对方感受到,你听到他的声音是多么开心。很多公司都会对接线员进行培训,要求他们接听电话时用热情愉快的语调,让客户感受公司对他们的重视。明天你在打电话时,也可以尝试一下。

真心实意关注他人不仅能够赢得友谊，还能获得客户的忠诚。纽约北美国民银行出版的《雄鹰》杂志上刊登了一封信，它来自储户马德琳·罗斯戴尔。信中写道：

> 在此我要向贵行的员工表达真挚的谢意，每个人都谦逊有礼、乐于助人。经过漫长的排队等待，听到业务员热情地问好，心情顿时愉悦起来。
>
> 去年，我母亲住院5个月，我经常去找玛丽·彼得鲁塞罗办业务。她经常询问我母亲的病情，很关心我母亲的情况。

毋庸置疑，罗斯戴尔夫人会成为这家银行的忠实客户。

查尔斯·沃尔特斯在纽约市一家大银行任职，他受命写一篇关于某家公司的调研报告。他知道，他迫切需要的信息只有该公司董事长知道。于是，沃尔特斯去拜访这位董事长，他刚走进董事长办公室，一位年轻女士探头进来，对董事长说，今天没有邮票了。

"我儿子12岁了，我在为他收集邮票。"董事长对沃尔特斯解释说。

沃尔特斯先生向董事长说明了自己的来意，并开始提出问题。但董事长心不在焉，含糊其词，一副不愿回答任何问题的样子。最后，这次简短的采访无疾而终。

"坦白来讲，我不知道该怎么办。"沃尔特斯先生在班上讲述这个故事时说，"但我突然想起了董事长和秘书之间的对话——邮票、12岁的儿子……我们银行外务部应该有很多邮票,每天他们都会收到来自世界各地的海量信件。"

第二天下午,我再次打电话约这位董事长见面,并提到我有一些邮票想给他儿子。他欢迎我去吗?当然,他非常热情。他紧握我的手,比参加国会竞选的议员还热情,满面笑容,亲切友善。"乔治一定会喜欢的,"他一边抚摸着邮票一边说,"看看这张,太少见了!"

"我们聊邮票,看他儿子的照片,半个小时一下子就过去了。随后,他花了一个多小时给我详细讲解了我需要的信息——即使我当时没有提出任何要求。随后,他又叫来下属,帮我解答问题,甚至打电话给合作伙伴,帮我收集信息。我获得了大量的事实、数据、报告和信件。用新闻报纸记者的话来说,我拥有了独家新闻。"

我们再来看另一个例子。费城的小克纳弗尔多年来一直试图向一家大型连锁商店销售燃料。但这家公司坚持从外地经销商那里购买,而且运输车每次都从克纳弗尔办公室前经过。克纳弗尔非常生气,一天晚上在课前分享时,他不断咒骂那家商店,称它是美国的"祸根"。

他很想知道,到底什么原因导致他用尽办法也卖不出去燃料。

我建议他换个方法试试。坦白来说,方法很简单。我在班上组织了一场辩论比赛,请大家就"连锁店扩张对国家有利还是有弊"展开辩论。

在我的建议下,克纳弗尔选择了正方,为连锁店辩护。他联系了咒骂过的那家商店的一位主管。"我不是来推销燃料的,我想请你帮个忙。"他向这位主管介绍了这次辩论,并说:"关于这件事,我想没人比您更有话语权了。如果您能帮我,我将不胜感激。"

下面是克纳弗尔的讲述。

我和那位主管说,我只占用他一分钟时间,他这才同意见我。当我说明来意后,他请我坐下,我们足足聊了1小时47分钟。他还把我介绍给了另一位主管,这位主管曾出书介绍过他们的连锁店。随后,他又写信给全国连锁商店,帮我收集辩题相关资料。他真心觉得这家连锁店是全心全意为大家提供服务的,他为此感到自豪。他说话时眼睛里闪着光,我必须承认,他所说的一切是我从来没有想过的,这打开了我的眼界,彻底改变了我的态度。

我离开时,他亲自送我到门口,搂着我的肩膀,祝我辩论顺利。他还邀请我随时来找他,告诉他辩论结果如何。最后他对我说:"春末时,你可以来找我,我想从你们那订购一些燃料。"

对我来说,这简直是个奇迹!我提都没提,他就主动提出购买燃料。只是因为我对他们的连锁店真心感兴趣,仅仅两个小时,我就取得了意想不到的进展。而在过去10年里,我费尽心思,想让他们购买我们的燃料,却一无所获。

古罗马著名诗人普布里乌斯·西鲁斯曾说过:"只有他人对

我们感兴趣，我们才会对他们感兴趣。"

和人际交往的其他原则一样，对他人感兴趣，必须真心实意。不管是关注方，还是接受方，双方均应有所收获——这是双向互利的行为。

在纽约长岛的培训课上，有一位名叫马丁·金斯伯格的学员分享了他儿时的经历，一位护士的真心关爱令他至今印象深刻。

10岁那年，我是在医院福利病房里度过感恩节的，因为第二天我要接受一个大型骨科手术。手术后，我也不能到处走动，还有几个月的恢复期和疼痛等着我。当时，我的父亲去世了，我和母亲住在一间狭小的公寓里，靠社会救济过活。感恩节那天，母亲没能来看我。

天越来越黑暗，孤独、绝望和恐惧淹没了我。我知道母亲独自在家为我担忧，没人陪她，她甚至没有足够的钱吃一顿感恩节晚餐。

我用枕头蒙住头，默默流泪。痛苦和难过让我无法自抑，我哭得浑身颤抖。

一个年轻的实习护士听到了我的啜泣声，她走了过来，轻轻掀开枕头，擦掉了我的眼泪。她说，她也很孤独，因为工作，她也不能和家人一起度过感恩节。她问我是否愿意和她一起吃晚餐，随后拿来了两盘食物，有火鸡片、土豆泥、蔓越莓酱、冰激凌。她陪我聊天，努力安抚我的恐惧和不安。她原本4点就可以下班，但一直陪我到深夜11点。她陪我聊天、做游戏，直到我睡着了才离开。

年复一年，只有那个感恩节，深深印在了我的记忆中。我和那位护士并不相识，但在我最沮丧、恐惧和孤独的时候，她给了我温暖和善意，抚平了我的创伤，让痛苦变得不再那么难以忍受。

如果你想获得他人的真心喜爱，如果你想拥有真正的友谊，如果你希望帮助他人时自己也获得帮助，那么请谨记下面这个原则：

- 原则1：
真诚地表现出对他人的兴趣。

2. 微笑，微笑

查尔斯·施瓦布曾告诉我，他的微笑价值百万——他很可能低估了自己微笑的魔力。施瓦布成就非凡，广受爱戴，这一切几乎完全取决于他的个人魅力，而其中最吸引人的就是他迷人的微笑。

事实胜于雄辩。无须开口，仅仅一个微笑，你就能让对方知道"我喜欢你""你让我开心""我很高兴见到你"。

这就是狗狗如此受欢迎的原因——它们不会说话，但每次见到我们，它们都高兴得上蹿下跳。很显然，我们也会由此变得开心起来。

孩子的微笑具有同样的魔力。

在医院候诊时，你若看到烦躁不已、愁眉苦脸等待看诊的人，你会有什么反应？斯蒂芬·斯普劳尔博士是密苏里州雷镇上的一名兽医，他和我们分享了一个发生在春天的小故事。一天，他的候诊室挤满了客户，等着给宠物接种疫苗，谁也不和谁交流。这样的等待可能会让很多人烦躁，什么都不干，坐在这里干等着,简直是在浪费时间。斯普劳尔博士在培训课上与我们分享时说:"还剩下六七个客户时,一个年轻女人带着一个九个月大的婴儿和一只小猫走了进来,碰巧坐在了一位男士旁边,他正因为长时间等待而略显烦躁。他转头时,迎面看到了小宝宝正抬着头,脸上带着婴儿特有的灿烂笑容。这位男士有什么反应?当然,就像你和我都会做的那样,他也对小宝宝露出了微笑。不久,他就和那个女士聊起了她的孩子以及他自己的孙辈。很快,整个候诊室的人都加入了聊天。无聊沉闷、压抑的氛围一扫而光,气氛变得愉快起来。"

虚伪的笑容又如何呢?它不会有任何作用,也愚弄不了任何人。虚伪的笑容机械僵硬,没人会喜欢。真心实意、发自内心的微笑,才能够温暖人心,这样的微笑价值连城。

密歇根大学的心理学教授詹姆斯·麦康奈尔阐述了他对微笑的看法:"经常面带微笑的人更适于管理、教学和营销岗位,培养出来的孩子也更快乐。微笑比皱眉传递的信息更加丰富。这也是在教育中,鼓励比惩罚更有效的原因。"

纽约一家大型百货公司的人事部经理告诉我,她宁愿雇用一个连小学都没读完但笑容灿烂的人做店员,也不愿雇用一个每天神情严肃的哲学博士。

微笑的力量十分强大——即使对方看不见你的脸,微笑也能传递你的好心情。美国电话公司在全美推出了一个项目,即"电话力量",对销售服务和产品的电话员进行培训。根据这个项目,电话销售员在打电话时,要面带微笑,因为声音能够传递微笑。

罗伯特·克莱尔来自俄亥俄州辛辛那提市,是一家公司的部门经理。他们公司有一个职位空缺，一直没有招到合适的人选。他和我们分享了成功招聘的经历。

我一直想为我们部门招一位工科博士，但一直没招到。终于，我发现了一个理想人选，他即将从普渡大学博士毕业。通了几次电话后，我了解到多家公司都向他发出了邀请，其中有几家公司比我们公司大得多。当他接受了我的邀请时，我很高兴。他上班后，我好奇地问他，为什么选择我们公司而不是其他公司。他停顿了一会，对我说："其他公司的经理打电话时，声音听起来冷冰冰的，一副公事公办的态度，这让我觉得工作只是一笔生意。每次和您沟通时，听见您的声音，我都能感觉到您很开心……这让我觉得您是真心想让我加入你们公司的。"

"没错，"克莱尔先生最后总结说，"我现在接电话时都会面带微笑。"

美国最大的一家橡胶公司的董事会主席曾告诉我，据他观察，一个人在做一件事时，如果内心不喜欢，那他就很难成功。这位行业领袖对下面这句古老哲言嗤之以鼻："只有勤奋工作，才能叩开理想的大门。""我认识的许多人，"他说，"他们之所以成功，是因为轰轰烈烈的事业给他们带来了快乐。但当乐趣消失，只剩下枯燥乏味的工作时，这些人便开始走向失败。在工作中，他们感受不到快乐，失败也是必然了。"

你若希望他人乐于与你相处，那你也要让对方知晓，你很高兴和他见面。

我给无数商界人士做过培训。一次，我给他们布置了一个任务，在一周之内对周围人随时保持微笑，然后和大家分享结果。结果怎么样呢？我们一起来看看。下面这封信来自纽约股票经纪人威廉·斯坦哈特，他的情况并不是个例，非常典型。

我结婚18年了，在这18年里，每天从我起床到出门上班，都很少对妻子笑，说话也只有一两句。每天，无数满腹牢骚的人在百老汇大街上来来往往，我就是其中之一。

当你让我们对周围人保持微笑一周，并分享自己的体验时，我决定尝试一下。第二天早上，我梳头时看见镜子中自己那张闷闷不乐的脸，于是对自己说："比尔，不要愁眉苦脸了，这样太惹人嫌了！从今天开始，你要学会微笑！从此刻开始吧。"坐下吃早餐时，我微笑着对妻子说："早上好，亲爱的。"

你提醒过，她可能会大吃一惊，但事实上，你低估了她的反应。她一下子不知所措，彻底惊呆了。我告诉她，未来的每一个早上，我都会这样做。

我态度上的改变，让我一扫沉闷，两个月时间里，家里每天都充满欢声笑语。

出门上班时，我会对公寓电梯管理员微笑问好，和看门人微笑打招呼。在地铁站找零时，我会向售票员微笑表达谢意。到达证券交易所后，我会微笑着和同事打招呼——在此之前，他们可能从未见过我微笑。

很快，我就发现，当我对他人微笑，他们也会给予我同样的微笑。即使有人向我抱怨，我也会乐观以对，面带微笑，耐心倾听他们的诉说。我发现，这样做以后，事情变得更容易解决了。我还发现，微笑给我带来了更多金钱上的收益。

我和另一个经纪人共用一间办公室。他手下有一个年轻员工，很招人喜欢。我对自己改变带来的成果感到非常高兴，于是和这个年轻人分享了新学到的人际交往规则。他坦诚地说，起初他和我共用一个办公室时，觉得我很难相处。但最近，他改变了对我的看法。他说，当我微笑时，就显得很随和、很亲切。

我也不再随意指责他人，取而代之的是赞美和肯定。我不再总是说自己想要什么，而是试着站在他人的角度看问题。这一切彻底改变了我的生活。

我成了一个不同的人，内心也变得更加充实。最重要的是，我收获了更多的友谊和快乐。

如果你不习惯微笑，又该怎么办呢？有两点建议，你可以试试。首先，强迫自己微笑。一个人时，试着吹个口哨，或者哼哼歌，假装自己很开心。这样做真的会让你变得开心。心理学家威廉·詹姆斯做出的解释是，"行动似乎跟着感觉走，但事实上，二者是相辅相成的。相比于感觉，意志对行动的控制更直接，因此，直接调节行动，我们就可以间接地调整感觉。如果我们不开心，想要找回快乐，那么最有效的方法就是，高兴地坐直身体，说话和做事都表现得很快乐，就好像真的已经拥有快乐幸福了"。

在这个世界上，每个人都渴望幸福。而找到幸福的方法只有一个，那就是，控制你的想法。幸福不取决于外在条件，而取决于你的内心。

决定你的快乐的，不是你拥有什么、你是谁、你在哪儿或者你在做什么，而是你的思维方式。例如，两个拥有相同财富和声望的人，在同一个地方做同样的事情，很可能一个人痛苦，另一个人快乐。为什么？因为两人心态不同。和那些在纽约、芝加哥或洛杉矶办公室里工作的人相比，在酷热中辛勤劳作的农民，虽然他们生活穷困，但他们的快乐未必就少。

"世事本无好坏之分，"莎士比亚曾说过，"关键看你怎么想。"

亚伯拉罕·林肯也曾说过："幸福掌握在自己手中。"没错，确实如此。下面这个例子生动地体现了这一点。

一次，在纽约的宾州车站，我上楼梯时，看见有三四十个男孩拄着拐杖，艰难地一点一点往上走，其中一个男孩甚至是被抬上去的。令我惊讶的是，他们每个人都很快乐，上楼途中笑声不断。于是我和这些男孩的老师聊了起来。"没错，"他说，"当这些男孩知道自己一辈子不能走路时，他们一开始的确无法接受。但很快，他们就振作起来，调整好心态。现在，他们和其他正常男孩一样快乐！"

这群男孩让我肃然起敬，他们给我上的这一课，我终生难忘。

下面这段充满智慧的话，来自美国著名作家阿尔伯特·哈伯德，值得我们细细品味。但请记住，阅读后，一定要行动起来，不然就毫无作用。

不管什么时候，出门时，请收紧下颚，抬头挺胸，深呼吸，迎接温暖阳光的沐浴。和朋友打招呼时请面带微笑，握手时请真心实意。不要害怕被误解，更不要浪费一秒钟在敌人身上。谨记自己想要做什么，然后勇往直前，朝着目标努力。全力以赴，做自己想做的事情，追逐自己的梦想。随着时间的流逝，你会发现，你已在不知不觉中抓住了每一个实现梦想的机会，就如珊瑚虫时时刻刻在海水中汲取养分一样。想象一下未来的自己：能力卓著，真诚善良。想法越坚定，你就越有可能成为这样的人……思想是至高无上的。请保持正确的心态——勇敢、坦率和乐观，正确思考，这样才能激发内在的创造力。心想事成，每一个真诚祷告都会有回应。心之所向，行之所往。收紧下颚，抬头挺胸——我们每个人都有机会化茧成蝶。

中国人聪明智慧，懂人情，知世故。中国古人有这样一句谚语："人无笑脸莫开店。"

微笑是善意的使者，能够照亮他人的生活。一个愁眉苦脸、闷闷不乐的人，他人的一个微笑就可以让他的心情变好。微笑犹如灿烂的阳光，穿透乌云，驱散阴霾。尤其是当你在面对来自老板、客户、老师、父母或孩子带来的诸多压力时，他人一个简单的微笑，就可以让你倍觉温馨，不至于绝望，坚信世界是美好的。

几年前,圣诞购物的高峰期让纽约很多售货员都承受了巨大压力,不堪重负。为了减轻店员压力,纽约一家公司在广告中向顾客提出了一个不同寻常的要求,其中蕴含了朴素的哲理。

微笑的价值

微笑无价,却很珍贵;

微笑让受者富有,赠者无损;

微笑转瞬即逝,却带来永恒的回忆;

微笑人人需要,无论贫富;

微笑有助于家庭幸福,事业成功,友谊长存;

微笑能够减缓疲劳,驱散郁气,抚慰伤心,是解决困难的灵丹妙药;

微笑买不来,借不来,偷不来,只有在给予他人时,才有价值。

圣诞将至,如果我们的收货员疲惫不堪,无法为您提供微笑服务,可否恳请您留下一个微笑?

因为,没有比无力微笑的人更需要一个微笑的了。

- 原则 2:

  微笑,微笑。

3. 务必记住他人的姓名

1898年,纽约罗克兰县斯托尼角镇发生了一桩惨剧——镇子里一个小孩去世了,邻居们准备去参加他的葬礼。那天天气特别冷,寒气逼人,地上白雪皑皑。法利到马厩去牵马,也准备去参加葬礼。这匹马已经好几天没走出马厩了,因此十分兴奋。当它被牵到饮水槽旁时,高高扬起的蹄子一下就踢倒了法利。一周之内,斯托尼角镇接连举办两场葬礼。

法利意外去世,家中只留下了他的妻子和三个儿子,以及几百美元的保险金。

他的大儿子吉姆当时只有10岁,为此不得不去砖厂工作。他负责运沙子,把沙子倒入模型,制成砖后,还要在烈日下翻转砖块晾干。吉姆没有机会接受教育,但他为人亲切友善,天生就有一种招人喜欢的气质。成年后,他步入政坛,逐年累月养成的习惯让他有一种惊人的能力——记住他人姓名的能力。

吉姆从未念过高中,但他46岁时已拥有4所大学授予他的荣誉学位,并成为美国民主党全国委员会主席和美国邮政部长。

我曾采访过吉姆，询问他成功的秘诀。"勤奋。"他回答说。我吃惊地说："您不是开玩笑吧？"

于是，他反问我，让我说说他成功的原因。我回答说："我知道您可以叫出1万个人的名字。"

"不，你错了，"他说，"事实上，我至少可以叫出5万个人的名字。"

毋庸置疑，正是这种能力让吉姆在1932年成为富兰克林·罗斯福总统竞选团队的负责人，为罗斯福入主白宫发挥了重要作用。

吉姆·法利曾在一家石膏厂做过多年销售员，又在斯托尼角镇做过多年办事员，为了记住他人的姓名，他总结出了一套方法。这个方法很简单，每认识一个人，他就会主动了解对方的姓名、家庭情况、职业和政治观点。之后，他把获取的信息牢牢刻在脑海里，形成一个体系。下次见到这个人时，哪怕是一年后，他也可以准确地叫出对方的名字，询问对方的近况，聊聊他家后院蜀葵的长势。难怪有这么多人追随他了。

在罗斯福竞选总统前的几个月里，吉姆每天坚持写几百封信，寄给西部和西北部各州的选民。他乘坐火车，其间还换乘了马车、汽车和船只，在19天里亲自走访了20个州，行程达1.2万英里（1英里≈1.609千米）。他每深入一个小镇，行程都安排得很满，不论是早餐、午餐、晚餐，还是下午茶时间，他都会抓住每一个机会与他人谈心。离开后，他又立刻开始下一段行程。

一返回东部，吉姆就立刻着手给拜访过的小镇工作人员写信，索要一份所有交谈过的人员名单。最终出现在名单上的名字有上万个，而他们都收到了吉姆的亲笔信。每封信的开头都明确了写给谁——"亲爱的简""亲爱的比尔"……结尾都是吉姆的亲笔签名。每个人都从中感受到了重视。

吉姆·法利很早就发现，世界上的名字千千万，但人们最在意的只有自己的名字。记住他人的名字，一见面就可以轻松叫出，这本身就是对对方的一种肯定，效果显而易见。若忘记对方名字，或者叫错，那也是一件很尴尬的事情。我在巴黎组织一场公开演讲培训时，给所有在巴黎的美国人寄去了一封邀请函。由于法国的打字员不会英语，因此在填写名字时很容易拼错。其中美国一家大型银行驻巴黎分行经理的名字就被拼错了，他大为恼火，写信严厉地斥责了我。

有些名字并不好记，尤其是发音较难的名字，更不用说试着念出名字了。有的人会直接跳过，用昵称代替。某次，西德·利维拜访了一位名叫尼科迪默斯·帕帕多洛斯的顾客，大多数人都叫他"尼克"。利维说："在拜访他之前，我私下里特意练了好几遍他的名字的发音。当我向他问好时，我用的是他的全名，'下午好，尼科迪默斯·帕帕多洛斯先生'。他非常震惊，很长时间都没有反应。最后，他眼含热泪对我说，'利维先生，我来这个国家15年了，但从来没有人愿意花费心思叫我的真名，您还真叫对了'。"

安德鲁·卡耐基成功的秘诀是什么？他虽然被称为"钢铁大王"，但他本人却对钢铁制造并不精通。他手下有数百名员工，每个人都比他了解得更多。

但卡耐基擅于与人打交道，他很早就展现出了组织和领导才能，这就是他富可敌国的原因。10岁那年，他就发现了人们格外重视自己的名字,并利用这一发现赢得了诸多合作。小时候,他在苏格兰生活。一次,他抓住了一只兔子,是只母兔,很快他就有了一窝小兔子,但他没有食物喂它们。于是,卡耐基想出了一个绝妙的主意——他找来附近的孩子,告诉他们,谁能够采摘足够的三叶草和蒲公英来喂小兔子,他就以他的名字给小兔子命名。

这个方法的效果立竿见影。卡耐基牢牢记住了这一点。

多年后,他利用同样的心理战术,赚取了数百万美元。当时,他正想向宾夕法尼亚铁路公司销售钢轨。埃德加·汤姆森当时是宾夕法尼亚铁路公司的老板,于是,卡耐基在宾夕法尼亚州匹兹堡市建了一座大型钢厂,并将其命名为"埃德加·汤姆森钢厂"。

那么,你觉得当宾夕法尼亚铁路公司需要购买钢轨时,埃德加·汤姆森会从哪家工厂购入呢?

当卡耐基和乔治·普尔曼争夺铁路卧铺车厢业务时,这位钢铁大王再次想起了那窝小兔子教给他的道理。当时,卡耐基管理的中央运输公司和普尔曼的公司展开了激烈竞争,双方都想获得联合太平洋铁路公司的卧铺车厢订单,手段层出不穷:互相攻讦、使劲压价,打价格战……继续下去只会两败俱伤。联合太平洋铁路公司董事会在纽约同时约见了卡耐基和普尔曼。一天晚上,二人在圣尼古拉斯酒店碰见,卡耐基说:"晚上好,普尔曼先生,我们两个净办蠢事了!"

"你什么意思?"普尔曼问。

卡耐基说出了他的想法:两个公司不如合并成立新的公司。他热情地列举了合并后带来的种种好处,普尔曼认真听取了他的建议，但并未被完全说服。最后他问了一个问题："你打算给新公司起什么名字？"卡耐基想都没想，就回答说："当然是'普尔曼豪华汽车公司'。"

普尔曼离开时面露喜色。"到我房间来，"他说，"我们好好谈谈。"就是这次谈话，改写了美国钢铁行业的历史。

记住朋友和商业伙伴的名字，并且尊重他们，是安德鲁·卡耐基卓越领导力的奥秘之一。他能叫出工厂大部分工人的名字，并为此感到自豪。

人人都以自己的名字为傲，为了让自己的名字永垂不朽，可以不惜一切代价。即使是脾气暴躁的老巴纳姆——那个时代最伟大的表演者——也会因为后继无人而沮丧失望。为了让他的外孙子西利随他姓，巴纳姆提出，只要外孙改名为"巴纳姆·西利"，就给他25 000美元。

几个世纪以来，很多贵族和富豪都热衷于资助艺术家、音乐家和作家，这样在其完成作品时，就会标明"谨献给某某"以表示感谢。正是因为有些人不想让自己的名字被淹没在历史长河中，图书馆和博物馆才有了丰富的珍贵藏品，我们应该对他们致以谢意。纽约公共图书馆有阿斯特和雷诺克斯的藏品，大都会博物馆让本杰明·奥特曼和摩根流芳千古。几乎每一座教堂的彩绘玻璃上都标注了捐赠者的名字。大学校园经常见到以名人姓名命名的大楼，以此感谢他们捐赠了大笔资金。

大多数人记不住人名，原因很简单，他们不愿意花时间和精力费心记住他人的名字，不愿意重复多遍，把这些名字牢牢记在脑海里。他们总是有诸多借口，总说自己太忙了。

但是他们再忙，会比富兰克林·罗斯福还忙吗？他会努力记住所有人的名字，哪怕是仅仅和他有过一面之缘的汽修工的名字，他也能准确叫出。

罗斯福下肢瘫痪，因此克莱斯勒公司为罗斯福量身定制了一辆特殊的汽车。张伯伦和一名汽修工把车送到了白宫。张伯伦在信中这样描述了这段经历。

> 我教罗斯福总统如何驾驶这辆定制汽车，他教会了我很多为人处世的道理。总统看到我后，高兴地和我打招呼，亲切地叫我的名字，消除了我的紧张。最令我印象深刻的是，在我向他展示如何驾驶这辆车时，他表现得兴趣十足。这辆车经过精心设计，所有操作只需用手就可以完成。很多工作人员围着汽车看，罗斯福评价："太不可思议了！只需触动一个按钮，就可以启动汽车，驾驶它不费吹灰之力。这真是太棒了！我不知道它的工作原理是什么，要是有时间，我真想把它拆开，看看它到底是怎么运作的。"
>
> 当罗斯福总统的朋友和下属围着车欣赏时，他当着所有人的面，郑重地向我表达感谢："张伯伦先生，非常感谢你们为此付出的时间和努力，这是一个伟大的杰作。"他称赞每一个设计，包括散热器、特制的后视镜和里程表、特殊设计的车灯、舒适的车内装饰、为他特别设计的驾驶座，以及后备厢中带有他名字的行李箱。换句话说，他注意到了我们费尽心思设计的每一个细节，体会到了我们的用心。他还向罗斯福夫人、珀金斯小姐、劳工部长和他的秘书介绍这些特

殊设计。他甚至把白宫的看门人也叫了进来，说："乔治，你要看好这些行李箱啊。"

学习完如何驾驶后，总统先生转向我，说："张伯伦先生，联邦储备委员会已经等了我30分钟了，我想，我不得不回去工作了。"

那天和我一起去白宫的还有一位汽修工。刚到白宫时，我向总统简单介绍了他的名字，他并没有和总统说话。他非常腼腆，一直躲在人群后。但总统在离开前，却来到这位汽修工面前，握着他的手，叫着他的名字，对他的到来表示感谢。总统的感谢不带一丝敷衍，他是在真心实意地表达感谢，我能感受得到。

回到纽约几天之后，我收到一张罗斯福总统的亲笔签名照片和一封感谢信，他再次感谢了我们提供的帮助。我很好奇，他如何在百忙中抽出时间做这些事情？

富兰克林·罗斯福深知获得他人好感最简单、最明显、最重要的方法之一，就是记住对方的名字，让他感受到重视。然而，我们中又有多少人能做到呢？

多数情况下，我们和陌生人见面，互相告知名字后，哪怕聊了好一会儿，分别时也往往记不住对方的名字。

政治家要上的第一课就是，记住选民姓名。忘记选民的名字，那么你自己也会被他人遗忘。

在商业和社会交往中，记住对方的名字同样很重要。

法国国王拿破仑三世也具备这一能力，他为此感到十分自豪。虽然皇室工作繁忙,但他依然可以记住每一个他见过的人的名字。

他有什么技巧吗?很简单。如果他没有听清对方的名字,他会说:"非常抱歉,我没听清楚。"如果是一个不常见的名字,他会问:"请问怎么拼写?"

在和对方谈话时,他会不厌其烦地将对方的名字重复好几遍,并试图在脑海中把这个名字与他的外貌特征和表情联系起来。

独处时,他会把需要记住的名字写到一张纸上,然后经常反复看,用心诵读,记住后就撕掉这张纸。就这样,通过眼看耳听,对方的名字就牢牢刻在了他的脑海里。

这样做当然需要付出时间,但正如爱默生所说:"良好习惯的养成,需要做出一些微小的牺牲。"

牢记并准确叫出对方名字,这很重要,并不是只有皇帝和公司高管才需要,这对所有人都意义重大。肯·诺丁汉先生是印第安纳州通用汽车公司的员工,经常在公司的自助餐厅吃午饭。他注意到在柜台后工作的一位女性总是愁眉苦脸。"她已经连着做了两个多小时的三明治了,对她来说,我只是另一个'三明治'。我告诉她我想要什么,然后她在秤上称出火腿,盖上一片生菜和几片土豆片,做成三明治,面无表情地递给我。

"第二天,同样的场景再现,还是那位女士,同样闷闷不乐。唯一的不同是,这次我注意到了她的名牌,于是我笑着对她说:'你好,尤妮斯。'然后再次点了三明治。她这次没有称食材,厚厚的土豆片上码了好几片火腿,最后放了三片生菜,装了满满一盘子。"

我们需明白，名字蕴含了非凡魔力，每个名字都对应一个完整的独立个体……名字是独属于自己的。名字让我们每个人与众不同，成为独一无二的存在。和他人交往时，在我们说出对方名字时，我们所传递的信息和提出的请求就带有了一丝特殊的重要性。当我们和他人打交道时，不管是服务生还是高级主管，记住对方的名字会取得神奇的效果。

- *原则3：*
务必记住他人的姓名。

4. 学会倾听，鼓励对方多谈他自己的事

不久前，我参加了一个桥牌聚会。我不会打桥牌，聚会中有一位女士也不会打。在洛厄尔·托马斯进入电台工作前，我曾是他的经纪人。聊天时，这位女士认出了我。当时为了帮助托马斯准备巡回演讲，我游历了欧洲很多地方。于是她对我说："卡内基先生，您能说说您的旅途见闻吗？给我说说您走过的地方，看过的美景吧。"

我们坐在沙发上，她告诉我，她和丈夫最近刚从非洲旅行回来。"非洲！"我惊叹道："太有意思了！我一直想去非洲看看。除了曾在阿尔及尔短暂停留24小时外，我还从未去过那里。你去打猎了吗？去了？你真是太幸运了，我真羡慕你啊！快和我说说非洲的见闻。"

她足足讲了45分钟旅行见闻。至于我去过哪些国家，有哪些见闻，她再也没有提过。实际上，她对我的旅行并不感兴趣，她只是需要一个听众，让她畅谈自己的非洲之旅。

她的行为是个例吗？当然不是，很多人都这样。

一次，在纽约一位图书出版商举办的晚宴上，我遇到了一位著名的植物学家。我以前从未和植物学家打过交道，因此觉得他所说的一切很有趣。我坐在椅子上，全神贯注听他谈论异国植物、培养新型植物的实验、建设室内花园（就连不起眼的土豆都有很多让人震惊的故事）。我有一个室内小花园，于是向他请教了一些问题，他很耐心地给出了一些专业意见。

我前面提到过，我在参加一个晚宴，宴会上还有十几位客人。我那晚有些失礼，只顾着和那位植物学家畅谈，一聊就是几个小时。

直至深夜，我才结束和植物学家的聊天，和大家说再见，告辞回家。在我走后，这位植物学家在主人面前对我大加赞扬，夸我"想法新奇"，还细数了我的种种优点，最后说我是他见过的"最有趣最健谈的人"。

有趣健谈？怎么会呢？那晚我几乎什么也没有说，即使我想说，也说不出什么，因为我对植物的了解并不比我对企鹅的生理构造了解得多。但那晚我一直在专心听他讲述，因为我对他说的内容真的很感兴趣，而他也感受到了我的真心，自然对我很满意。认真倾听是我们能给予他人的最高赞美。杰克·伍德福德在《恋爱中的陌生人》中写道："很少有人能够抵挡得住他人真心的关注，这是一种委婉的赞美。"而我不仅专心倾听，还"由衷地赞美"了那位植物学家。

我告诉他，我很高兴和他聊天，和他聊天让我收获颇多——事实也确实如此。我告诉他，我早就想了解这方面的知识了——这也是事实。我还告诉他，我很想和他一起去野外看看——我也的确这么做了。我告诉他,我很希望再见到他——后来我的确去拜访他了。

我的表现,让他觉得我是一个有趣健谈的人,但实际上,我只是善于倾听,一直鼓励他说而已。

商务交流成功的秘诀是什么?哈佛大学前校长查尔斯·艾略特说:"商务交流没有什么成功秘诀……最重要的一点就是,在对方说话时,用心倾听。没有什么比这更令人满意的了。"

艾略特本人就是一位倾听艺术大师。美国早期著名小说作家亨利·詹姆斯回忆说:"艾略特的倾听不仅是简单的沉默,他的行动也表明了他的态度。他会挺直腰身坐在那里,双手交叠,放在膝盖上,一动不动,除了拇指偶尔时快时慢地转动。他面对谈话者,似乎眼睛也和耳朵一样在倾听。他全神贯注地倾听,认真思索你想要表达的意思……谈话结束时,每个人和他交流后,都有一种酣畅淋漓、意犹未尽的感觉。"

道理很简单,不是吗?你无须学富五车,也可以明白这个道理。我们都去过这样的商店:老板花大价钱租店面,花数万美金打广告,商品物美价廉,展示橱窗精美诱人,但最终却雇了一群没耐心、不擅长倾听的人当店员——他们总是打断顾客、反驳顾客,甚至激怒顾客,后果就是顾客不愿来店里购物。

芝加哥有一家百货商场,就因为有了这样的店员,差点儿失去一位每年消费数十美元的顾客。亨丽埃塔·道格拉斯大人是我在芝加哥培训课上的学员。她在商场做活动时特价买了一件大衣,但回家后发现大衣内衬上有一个洞。第二天,她去店里请店员给她换一件。店员拒绝了她的要求,还恶劣地说:"你这件衣服是特价时买的！"接着，她指了指墙上的一块牌子，大声说："你自己看，打折商品一经售出，概不退换！你买了就认了吧！自己回去缝一下不就得了。"

"但这件大衣上面有个洞。"道格拉斯夫人抱怨道。

"那也没办法，"店员打断了她，"特价品不退不换。"

亨丽埃塔·道格拉斯夫人非常愤怒，发誓再也不来这家店买东西了。就在她离开时，部门经理恰巧走了过来，他知道她是老顾客，便过来和她打招呼。道格拉斯夫人把事情经过告诉了这位经理。

部门经理耐心听完整件事，检查了一下大衣，说："季末清仓，特价商品原则上是不退不换的，但这种'不退不换'的政策不适用于损坏的商品。这样，我们可以帮你修补或者更换内里，当然，如果你想退款，也没有问题。"

经理和店员采取了截然不同的态度和处理方法！如果经理没有了解到这位顾客的意见，那么这家商场可能会永远失去一位忠实的顾客。

在家庭生活中，学会倾听更为重要，遗憾的是，我们似乎更擅于倾听陌生人说话，而忽略了所爱之人。当你和爱人或孩子交流时，你是不是经常心不在焉，很少会认真倾听？热恋时，你总觉得对方是最了解自己的人，因为这时，对方在全身心关注着你。

米莉·埃斯波西托来自纽约哈德逊河畔克罗顿，她很清楚，认真倾听对她的家人意味着什么。不管哪个孩子想和她说话，她都会认真对待。在她看来，这是她应该做的。一天晚上，她和儿子罗伯特坐在厨房里聊天，儿子分享了自己的心事后，说："妈妈，我知道您非常爱我。"

埃斯波西托太太十分感动，她说："我当然非常爱你。你觉得我以前不爱你吗？"

罗伯特回答："不是，我知道您一直很爱我。每次我想和您聊点儿什么的时候，您都会放下手边的事情，认真听我说。"

在一个耐心、富有同情心的倾听者面前，即使是最爱发牢骚、最爱挑刺的人也会变得温和起来。当吹毛求疵的人暴跳如雷，像眼镜王蛇一样不停喷吐毒液时，倾听者通常会保持沉默，认真倾听。有这样一个例子。几年前，纽约电话公司遇到一起客户纠纷。这个客户不仅诅咒谩骂客户代表，还威胁要把电话线拔掉。他借口账单有误，拒绝付款。不仅如此，他还给报社写信抱怨，向公共服务委员会投诉，甚至多次将该电话公司告上法庭。

最终，公司不得不专门派了一个人解决这件事。这个人很擅于应对这类难缠的客户。在这位客户滔滔不绝、没完没了地抱怨时，这位代表只是耐心听着，偶尔回应"是的"，对他的不满和委屈表示同情。

"他喋喋不休骂了三个多小时，我也听了三个多小时。"这位代表回忆当时的情景，"后来，我们一共沟通了四次，每次他都在抱怨，而我只是认真倾听。在第四次谈话还没结束时，我已经成为他正在创办的'电话用户保护协会'的特许成员。直到现在，我还是这个协会的成员。不过据我所知，除了这位先生，我是仅有的一个成员。"

"见面聊天时，他说的每一点问题，我都认真倾听，并表示理解。以前，从没有哪个电话代表愿意和他这样沟通。慢慢地，他变得友善起来。前三次沟通时，我并没有说出我的目的。但第四次见面时，我圆满完成了任务——他不仅付清了所有账单，还主动撤回了提交给公共服务委员会的投诉信。这在他来说几乎是从没有过的。"

很显然，这位先生把自己视为圣斗士，认为自己所做的一切都是为了保护公众利益免受无情的剥削。但事实上，他想要的只是被重视的感觉。一开始，他通过抗议和抱怨引起他人重视，当客户代表耐心倾听，让他感受到了受重视的感觉后，他所有的委屈和不满也就烟消云散了。

朱利安·德特默是德特默羊毛公司创始人，该公司后来成为世界上最大的羊毛经销商，为服装业提供原料。几年前的一个早上，一个客户怒气冲冲地闯入了德特默的办公室。德特默先生说：

> 这个人是我们的一个经销商，还欠公司一小笔钱。但这个客户坚决否认这件事。我们都知道他弄错了，公司的信用部门坚持要求他付清款项。在连续收到几封信用部门的催账信后，他收拾行囊，匆匆赶来了芝加哥，告诉我，他绝对不会付这笔钱，而且以后也不再从我们公司购买一毛钱的东西了。
>
> 我耐心听他说完，中间好几次想要打断他，但我下意识觉得，那样做可能会带来更糟糕的后果。所以我让他尽情发泄，当他终于冷静下来后，我心平气和地对他说："谢谢您

能亲自来芝加哥向我说明这一切,您真是帮我了一个大忙。我们信用部门惹恼了您,也有可能让其他客户不满意,这对我们公司来说太糟糕了。请相信我,我比您更想知道事情到底怎么回事。"

他可能完全没有想到我会这么说。我觉得他可能有点儿失望,因为他气势汹汹来到芝加哥,本打算来教训我,但没想到我不仅没和他吵,反而感谢他。我向他保证,会把那笔账销掉,再也不提。他是一个十分细心的人,只需管理一个账户,而我们的员工需要处理数千个账户,很可能是我们这边的疏漏。

我和他说,如果我是他,毫无疑问,我也会有同样的感受。他不打算从我们公司进货,我可以推荐其他羊毛公司。

以前,他来芝加哥时,我们经常一起吃饭。这次,我依然邀请他共进午餐。他不太情愿,但还是答应了。吃饭回来,他竟然下了一笔有史以来最大的订单。他离开时,心情缓和了很多。我们公平对待他,因此他也想还我们一个公平。回去后,他又仔细核对了一遍账目,发现是他自己漏掉了一张票据。他立刻给我们寄了支票,付清了款项,并向我们表达了歉意。

后来,他儿子出生,他以"德特默"作为孩子的中间名。在此后的22年里,直到他去世,我们一直都是很好的朋友,他也一直是我们公司的忠实客户。

几年前,一个荷兰裔男孩为了贴补家用,放学后在一家面包店擦窗户赚钱。男孩家非常穷，除了擦玻璃，他还要提着篮子去街上的排水沟里捡煤渣。这个男孩叫爱德华·博克，只上过6年学，后来却成为美国新闻史上最成功的杂志编辑之一。他是怎么做到的？说来话长，在这里我们一起来看看他是如何起步的。他起初正是运用了本章所讲述的原则。

13岁时，爱德华·博克离开学校，到西联汇款公司打工。但他一刻也没有放弃学习，不能上学，他就开始自学。为了攒钱买一本美国传记大全，他省吃俭用，不坐公交，不吃午饭，直至攒够钱。然后，他做了一件事出乎所有人意料的事情——他认真阅读了当时所有名人的传记，然后给他们写信，希望他们能够与他分享自己的童年故事。他是一个很好的倾听者，请这些名人多多分享自己的故事。他写信给当时正在竞选总统的詹姆斯·加菲尔德将军，问他是否真的在运河上做过纤夫。加菲尔德将军给他回了信。博克也给尤利西斯·格兰特将军写了信，向他询问某场战役的经过。格兰特给他画了一张地图，并邀请这个14岁的男孩共进晚餐，和他聊了一整晚。

很快，博克就和美国很多名人通了信，包括爱默生、奥利弗·温德尔·霍姆斯法官、诗人亨利·沃兹沃斯·朗费罗、亚伯拉罕·林肯夫人以及小说家路易莎·梅·奥尔科特等。他不仅和这些杰出人物通信，而且一有假期，他就亲自去拜访他们，大家都很欢迎他。可贵的是，这些经历大大增强了博克的自信心。这些人的远见卓识和雄心抱负激励了他，彻底改变了他的人生。必须重申的一点是，这一切都是通过本章论述的原则实现的。

著名记者艾萨克·马科森曾采访过无数名人。在他看来，很多人给人留下糟糕印象，主要是因为他们不懂得认真倾听。"他们一门心思只想着自己想说什么，根本不在意别人说了什么……很多大人物和我说，相比健谈的人，他们更喜欢擅于倾听的人。这是一种最难得的美好品质。"

不仅名人渴望有人倾听，普通人也一样。正如《读者文摘》说过的那样："许多人去看医生，只是因为他们需要一个倾听者。"

在内战最黑暗的时刻，林肯曾写信给伊利诺伊州斯普林菲尔德的一位老朋友，请他来华盛顿，说有些问题想和他讨论。这位老邻居来到白宫后，林肯和他谈了几个小时，讨论发表解放奴隶宣言的可行性。林肯详述了支持方和反对方的所有观点，还读了一些谴责他的信件和报纸：一些人谴责他不废除奴隶制；另一些人不想让他解放奴隶，也在指责他。在谈了几个小时后，林肯和他的老邻居握了手，道了晚安，把他送回了伊利诺伊州，根本没有询问他对这件事的意见。自始至终，都是林肯在说，他只是想通过这次谈话理清自己的思路。"那次谈话后，他似乎轻松了许多。"那位老朋友说。林肯需要的不是建议。他只是需要一位耐心友好的听众，听他诉说，帮他卸下心理重担。每个人处于困境时，都希望能有一个人听自己说说话。愤懑的顾客、不满的员工、伤心的朋友，都需要一个倾诉的对象。

当代最伟大的倾听者当数西格蒙德·弗洛伊德。和弗洛伊德相处过的人都这样描述他的倾听能力："当时的场景深深触动了我，令我久久难忘。在他身上，我见到其他人所没有的优良品质。我从未见过如他一般专注的人。这种专注并不是那种看穿人灵魂的犀利眼神。他的眼神温柔亲切，声音低沉温和。虽然他很少有肢体动作，但我可以感受到他真切的关注，不时称赞我所说的内容。即使我表现不佳时，他也表现出十足的耐心。你根本无法想象，这样的倾听对一个人来说意味着什么。"

如果你希望别人在背后议论你、嘲笑你，甚至鄙视你，那就这样做——永远不要听别人说话，只谈论自己。不管别人正在说什么，只要自己有了想法，不等对方说完，立刻插嘴。

你认识这样的人吗？很不幸，我认识。令你想不到的是，可能其中一些人你还知道。

这样的人令人厌烦，他们总是自我陶醉，沾沾自满。

只谈论自己的人，也只在乎自己。任哥伦比亚大学校长的巴特勒博士曾说过："那些只在乎自己的人，无知、缺乏教养，不管他们受过多少教育，都是不明事理、愚笨无知的。"

如果你想要成为一个好的聊天对象，就要学会倾听。要想变得吸引人，就要首先对他人感兴趣。提问时，问对方乐于回答的问题；沟通时，鼓励对方谈论他们自己和他们取得的成就。

请记住，相较而言，人们更感兴趣的是他们自己、他们的欲望和问题，而不是你的。在他看来，自己的牙疼要比某些地区上百万人的饥荒更重要。和非洲的40次地震相比，他更关心他脖子上长的疖子。下次和人聊天，一定要想想这一点。

- 原则4：

学会倾听，鼓励对方多谈他自己的事。

5. 谈论对方感兴趣的话题

每个见过西奥多·罗斯福的人都对他渊博的知识感到吃惊。不管和什么人相处——无论是牛仔还是狂野骑士，无论是纽约的政客还是外交官——罗斯福都能应对自如。他是如何做到的？答案很简单。每次有客人来访，罗斯福都会在前一天晚上，提前了解这位客人感兴趣的话题，即使熬夜也要了解清楚。

因为罗斯福知道，要想触动一个人的内心，最好的方法就是谈论对方最在意的事情。

散文家、耶鲁大学文学教授威廉·里昂·菲尔普斯为人亲切友善，他很小的时候就明白了这个道理。他在散文《人性》中写道：

> 我姑妈莉比·林斯利住在豪萨托尼河畔的斯特拉福德镇。八岁那年的一个周末，我去姑妈家拜访。一天晚上，一位中年男人来姑妈家做客，在礼貌问候过后，他注意到了我。当时我正对船十分感兴趣，这位客人和我聊了很久这个

话题，他也给我留下了深刻印象。在他离开后，我对他赞不绝口。这个人太好了。姑妈告诉说，他是纽约的一名律师，对船一点也不感兴趣。"那他为什么和我一直谈论船呢？"我问。

"因为他是一位绅士。他看到你喜欢船，知道聊这个话题，你会感兴趣并且开心，同时也能给你留下和蔼可亲的印象。"姑妈说。

我牢牢记住了我姑妈的这番话。

写这一章内容时，我面前正放着一封爱德华·查利夫的信，他热衷于从事美国童子军方面的工作。

"一天，我发现自己急需帮助。"查利夫写道，"欧洲即将举办一场大型童子军聚会，我想请美国一家大公司的总裁资助一个男孩去欧洲参加这个聚会。

"幸运的是，在我去见这位总裁前，我听说他刚开了一张百万美元的支票，在支票作废后，他把它装裱了起来。

"所以，我一走进他的办公室，就说我想看看这张支票。一张百万美元的支票！我还从未见过这么大额的支票，连想都没想过。我一定要跟童子军的孩子们说，我亲眼见过百万美元的支票。他高兴地把支票展示给我看。我欣赏了支票后，请他给我讲讲这张支票的故事。"

你注意到了吗？查利夫先生一开始并没有谈到童子军、欧洲聚会，或者他真正想要的是什么，他谈论的只是对方感兴趣的东西。结果怎么样呢？

"不一会儿,这位总裁主动问我:'哦,顺便问一下,你找我有什么事?'于是我告诉了他我来的原因。

"令我惊讶的是,他不仅立即答应了我的要求,而且提供的帮助远远超出了我的预期。我只是请他资助一个男孩去欧洲,但他给了 5 个男孩的经费,还有我的经费,总共给了我 1000 美元的信用证。有了这笔钱,我们可以在欧洲停留 7 周时间。他还给分公司总经理写信,请他们招待我们。后来,他到巴黎时,还亲自招待了我们,带我们游览。从那以后,他成了我们团队的一员,积极参与各种活动,还给一些贫困家庭的孩子提供了工作机会。

"然而,我知道,如果我在一开始没有找到他感兴趣的话题,引起他的兴趣,我就不可能那么容易地和他进一步沟通了。"

这个方法非常有用,但在商界也同样适用吗?我们一起来看一个例子。亨利·迪韦尔诺瓦经营着一家烘焙批发公司。

迪韦尔诺瓦一直想获得纽约某家酒店的订单。为此他努力了四年,每周都去拜访酒店经理,参加对方出席的活动。为了达成交易,他甚至在酒店订了房间,住在那里。但这笔生意依然没有做成。

迪韦尔诺瓦说:"后来,我学习了人际交往技巧,决定改变策略。我决定找出那位经理感兴趣的事情,激发他的热情。

"我发现他加入了一个酒店高管协会,叫作'美国酒店迎宾协会'。他不仅是会员,还因为热衷组织活动,被选为会长,后来还担任了国际迎宾协会会长。不管这个协会在哪里举办活动,他都会积极参与。

"所以第二天我见到他时,就和他聊起了迎宾协会。可以想见他的反应！他和我聊了整整半个小时，整个过程中都兴致勃勃。我清楚地意识到，参加这个协会不仅是他的爱好，他还在这个协会上倾注了所有的激情。在我离开时，他成功把我拉入协会，成为他的会员。

"当时，我没有提到任何和面包相关的事。但几天后，酒店工作人员主动给我打电话，让我带着样品和报价单过去。

"我一到那儿，酒店餐饮部主管就对我说：'我不知道你做了什么，但可以肯定的是，他现在很看好你。'

"想想看，四年来，为了拿下订单，我一直追在这位经理后面。如果最后我没有花心思找出他感兴趣的事情，聊他感兴趣的话题，我可能仍是一无所获。"

爱德华·哈里曼来自马里兰州黑格斯敦。他退伍后搬到了马里兰州美丽的坎伯兰山。不幸的是，他在当地根本找不到工作。后来他发现，当地很多公司都归芬克豪瑟所有或控制——这个人特立独行，是个商界奇才。从一穷二白到拥有多家公司，他白手起家的故事引起了哈里曼的兴趣。但是，芬克豪瑟是出了名的难接近，从不接待求职者。哈里曼写道：

> 我询问了好多人，发现芬克豪瑟只对权力和金钱感兴趣。为了拒绝许多和我一样的拜访者，他的秘书严厉而忠心。她已经为芬克豪瑟先生工作了15年，像卫星一样牢牢地守卫在他身边。于是，我研究了这位秘书的兴趣，然后突然造访了她的办公室。我告诉她，我有一个想法，可以帮助芬克豪瑟先生在政治和经济上获得成功，她立即变得热情起

来。同时，我也对她在芬克豪瑟先生的成功之路上做出的贡献赞不绝口。此次谈话后，她很快安排了我与芬克豪瑟先生的会面。

在我走进芬克豪瑟豪华办公室那一刻，我决定不提任何与工作相关的事。他坐在一张雕花大办公桌后面，大声问我："你有什么事？年轻人？"我回答说："芬克豪瑟先生，我相信我能帮您赚到钱。"他立刻起身，走到沙发旁，请我坐下。我详细描述了我的想法以及我具有的资质和能力，并重点介绍了如何帮助他和他的公司更上一层楼。了解情况后，他立刻雇用了我。此后20年，我在他公司里获得了极大成长，彼此成就，他的事业也蒸蒸日上。

谈论他人的兴趣，可以让沟通双方都受益。霍华德·赫齐格是员工沟通领域的专家，他在工作中一直遵循这一原则。当被问及他从中获得了什么回报时，赫齐格回答说，每个人都让他获益匪浅，最重要的是，和他人的沟通交流丰富了他的生活，拓展了他的视野。

在本章中，迪韦尔诺瓦先生、哈里曼先生等人都找到了人际交往的"黄金法则"。真正健谈的人博取你的好感时，不会和你说在康沃尔的捕鸟经历，也不会用他女儿的婚礼细节来烦你，除非你感兴趣，不然他们知道再多，也不会和你说这些。你之所以喜欢他们，只是因为他们一直在谈论你感兴趣的东西。这样的聊天谁会不喜欢呢？

从古至今，正是利用这一原则，外交官能促成政治合作，男人能追到梦中情人,商人能谋求财富。这是一条双赢的原则。人们乐于和你沟通,交谈中,你也能开阔视野,丰富生活。

> • 原则 5:
> **谈论对方感兴趣的话题。**

6. 诚挚地让对方感到自己很重要

我正在纽约第 33 街和第八大道交叉口的邮局排队，等着寄挂号信。我发现，工作人员一脸生无可恋的样子——称重、递邮票、找零、开收据，他单调地重复着这些动作，日复一日，天知道什么时候是个头。所以我对自己说："我要努力让这个职员喜欢我。显然，要想让他喜欢我，我必须说些好听的话，说一些让他听了高兴的话。于是我问自己，他身上有哪些优点呢？对我来说，这很难，毕竟我们是陌生人。但只要用心，我就能很快在他身上发现令我赞叹的点。"

当他给我的信称重时，我热情地对他说："我真希望我能有你那样的头发。"

他抬起头，有些吃惊，然后露出了笑容。"嗯，现在不如以前了。"他谦虚地说。我连忙向他保证，尽管他浓密的头发可能失去了一些原有的光泽，但依然很漂亮。他非常开心。我们愉快地聊了一会儿，最后，他对我说："很多人都羡慕我的头发。"

我敢打赌，直到吃午饭时，他都会心情愉悦，感觉飘飘然的；我敢打赌，那天晚上他回家后一定和他妻子说起了这件事；我敢打赌，当他照镜子时，看着自己的头发，肯定会说："我的头发真的很漂亮！"

一次，我在公开演讲时分享了这个故事，于是有人问我："你想从他身上得到什么？"

我想从他身上得到什么！我想从他身上得到什么！

如果我们都这么自私——没有回报就吝于传递一丝丝的快乐，拒绝给予他人一句真诚的赞美；如果我们的灵魂像尘埃一样卑微渺小，那么我们注定会失败，罪有应得。

如果说我想从邮局职员那里得到什么，的确有一件无价之宝是我想要的，我也确实得到了，那就是一种感受——我赞美他但不求回报的感受。这件事即使过去很久，那种美妙的感觉也一直流淌在我心间，久久无法忘怀。

人类交往中有一条核心法则，遵守这条法则，我们就会远离麻烦，收获友谊和快乐；违背这条法则，我们就会麻烦缠身。这条法则就是，让对方感到自己很重要。约翰·杜威说，人天性中最强烈的欲望是成为重要人物。威廉·詹姆斯也曾说："渴望被欣赏是人类最大的本能。"我之前也说过，正是这种被重视的渴望，把人类和动物区分开；也正是这种渴望，造就了人类文明。

几千年来，哲学家一直在思索人际交往的准则，而在种种猜想中，只有一条最为重要。这并不是什么新颖的观点，自从有了人类，这条准则就出现了。2500年前，波斯先知琐罗亚斯德向他的追随者传授了这一准则。2400多年前，孔子在中国宣讲了这一准则。道教始祖老子在汉水流域将它传授给了弟子。公元前500年,佛陀在神圣的恒河岸边宣讲此准则。公元前1500年,印度教的圣书中已提过此准则。1900多年前,耶稣在犹大山地总结诸家之说,汇聚成世间最重要的一句话:"你想要别人怎么对待你,你就要怎样待人。"

与人交往时,你希望他人赞同你的观点,认同你真正的价值,重视你这个人。你不想听廉价虚伪的奉承,你希望获得他人真诚的赞美。你希望你的朋友和同事就像查尔斯·施瓦布说的那样:"由衷赞美,不吝任何溢美之词。"所有人都想要这些。

那就请遵守这条黄金法则:你想要别人怎么对待你,你就要怎样待人。

何时?何地?怎么做?答案是,随时随地,方法如下。

我想去亨利·苏文的办公室,于是向问询处职员问他的房间号。这位职员穿着整齐的制服,很自豪自己掌握了这一信息,他一字一顿地对我说:"亨利·苏文——(停顿)18楼——(停顿)1816房间。"

我急匆匆奔向电梯,中途停了下来,走到这位职员面前,称赞他说:"你完美地解答了我的问题!你吐字清楚,发音准确,像一个艺术家。你真是太棒了!"

听了我的话,他满脸洋溢着笑容,和我分享了他为什么停顿以及停顿的原因。

我只是说了几句肯定的话,就让他喜笑颜开。随着电梯来到18楼,我越来越清晰地感受到,这不是什么大事,但我确实给他带来了快乐。

即使你不是驻法大使或联谊会主席,也可以运用这种赞美哲学。每一天，你都能用它创造奇迹。

在餐厅，如果你点了炸薯条，女服务员却给你端来了土豆泥，你可以说："很抱歉麻烦您，但我们要的是炸薯条。"她可能会回答："不麻烦。"然后高兴地为你换成炸薯条，因为她感受到了你对她的尊重。

"很抱歉麻烦您……""能否请您……""能不能……""不知您是否介意……""非常感谢"——诸如此类的礼貌用语，不仅可以让沟通变得更和谐，也可以体现一个人良好的教养。

霍尔·凯恩是20世纪初著名的小说作家，他写过很多畅销书，如《基督徒》《大法官》《曼岛人》等，无数人拜读过他的作品。凯恩的父亲是铁匠，他只上过8年学，到他去世时，已然成为当时最富有的作家。

故事是这样的：霍尔·凯恩喜欢十四行诗和民谣，他如饥似渴地阅读了但丁·加百利·罗塞蒂的所有诗歌。他甚至还写过一篇文章，盛赞罗塞蒂的艺术成就，并把文章寄给了罗塞蒂本人。罗塞蒂看到信很高兴。罗塞蒂可能暗中窃喜，心想："对我的能力有如此高评价的年轻人，一定很聪明。"因此，罗塞蒂邀请这位铁匠的儿子来伦敦做他的助理。这成为霍尔·凯恩人生的重要转折点。作为罗塞蒂的助理，凯恩结识了很多同时代的文学艺术家，他们的鼓励和建议让凯恩获益匪浅，并由此开启了自己的写作之路，最终成为举世闻名的大作家。

凯恩的故居格里巴城堡位于英国属地曼岛，现今已是旅游胜地，吸引着世界各地的游客到访。凯恩去世后，留下了数百万美元的房产。但这一切，谁能想到呢？若他没有写信赞美罗塞蒂，他很可能会在贫穷和默默无闻中死去。

这就是发自内心真诚赞美的力量——如果一个人受到重视，他的命运很可能发生改变。

为了谨记这一点，我做了一个牌子，上面写着"你最重要！"并把它挂在教室前面，希望所有人都能看到。同时也提醒我自己，每个学生都很重要。

真相显而易见——你遇到的每个人都觉得，他在某方面比你强。要想打动他们的心，最佳途径就是，让对方感受到你的重视、你发自肺腑的关注。

爱默生曾说过："所遇之人皆有优于我的地方，都是我学习的榜样。"

然而可悲的是，很多人往往认不清自己，骄傲自大，其行径张狂到令人作呕。正如莎士比亚所写的："人哪，自负的人／一旦得到一点点权力／……种种愚蠢荒诞行径就暴露于神明之前／连天使都为之流泪。"

下面，我们一起来看一下，商人是如何应用这些原则获取成功的。康涅狄格州的一位律师在我的课上分享了他的故事（由于家族原因，他不愿意透露姓名，暂且称他为 R 先生）。

加入我的课程后不久，R 先生就和妻子开车去长岛拜访亲戚。这天，他的妻子独自去拜访几个年轻的亲戚，把他留下陪一位上了年纪的姑妈聊天。R 先生想起自己稍后有一个演讲，要分享运用赞美原则的心得。于是，他认为在和姑妈的聊天中，也许能够得到一些宝贵经验。他环顾一下四周，想看看有什么值得赞美的东西。

"这栋房子大约建于1890年,对吗?"他问道。

"没错,"姑妈回答说,"正是那年建造的。"

"这让我想起了我出生的房子,"他说,"这房子太漂亮了,坚固耐住,宽敞明亮。您知道,现在已经没人建造这样的房子了。"

"是啊,"姑妈感叹道,"现在年轻人不在意房子漂不漂亮,有间小公寓能住就行,他们更喜欢开着车到处逛。"

"这座房子就是我梦想中的家,"她继续说,声音因回忆而变得温柔,"它是爱的结晶。这座房子是我和丈夫多年的梦想。我们没有请建筑师,这座房子所有的一切,都是我们亲自设计规划的。"

姑妈带R先生参观了整栋房子。满屋的珍藏令R先生赞叹不已,它们都是姑妈旅行收集的,姑妈珍藏了一辈子,其中包括佩斯利涡旋纹披肩、古老的英国茶具、韦奇伍德瓷器、法式大床和椅子、意大利绘画作品,以及曾经挂在法国城堡的丝织品。

带R先生参观完房子后,姑母把他带到车库。在那里,停放着一辆崭新的帕卡德老爷车。

"这是我丈夫去世前买给我的,"她轻声说,"自从他去世后,我再也没有开过……你这么懂得欣赏美好的事物,这辆车就送给你吧。"

"哎呀,姑妈,"R先生说,"这怎么好意思!我很感谢你的慷慨赠予,但我不能接受。我自己刚买了一辆车。我甚至不是您的直系亲属,您有很多亲戚,一定有人很喜欢这辆老爷车。"

"亲戚！"她很生气道，"没错，我是有很多亲戚，但他们都盼着我早点儿死，好得到这辆车呢。让他们做梦去吧！"

"如果你不想给他们，可以把它卖给二手经销商。"R先生提议道。

"卖掉！"她大喊道，"你认为我会卖掉这辆车吗？你觉得我能忍受一个陌生人开着我丈夫买给我的车到处逛吗？我绝对不会卖掉它的。我要把它送给你，因为你懂得欣赏美好的事物。"

R先生不想接受这份馈赠，但拒绝又怕伤了老人的心。

这位老妇人，独自守着一所大房了，陪伴她的只有佩斯利涡旋纹披肩、法国古董和美好的回忆。她渴望得到一点点认同。她也曾年轻漂亮，有无数人追求。这座房子珍藏了她甜美爱情的回忆，这是她亲手打造的理想家园，每一件饰品都是她千里迢迢从欧洲带回来的。如今，年老孤独的她，渴望得到一些人性的关怀和温暖、一点点真诚的赞美，却很少有人能够给予。R先生的认同和赞美，如同沙漠中的甘泉，滋润了她干涸的心灵，她无以为报，只有用她珍爱的老爷车聊表谢意。

不管你多么显要、多么成功，都会因他人的重视而快乐。唐纳德·麦克马洪是纽约一名园艺师和景观设计师。他分享了自己的故事。

在参加了"如何赢得友谊并影响他人"的培训后不久，我受邀为一位知名法官的庄园做景观设计。这位法官亲自接待了我，告诉我他想在哪里种一片杜鹃花。

我对他说："法官先生，真羡慕您养了这么多条狗。您把狗养得太好了。听说每年麦迪逊广场花园举办的展会上，您的狗都能赢得很多奖项，带回很多蓝带勋章。"

简单几句赞美，却带来了惊人的效果。

"没错，"法官回答道，"和它们在一起确实很开心。你想看看我的狗舍吗？"

随后一个小时，他不仅带我看了他的狗，还展示了它们赢得的奖章，甚至拿出了狗的血统证明，给我讲解血统对狗的外形和智商的影响。

最后，他转向我，问道，"你有孩子吗？"

"是的，"我回答说，"有一个儿子。"

"那他想不想要一只小狗？"法官问道。

"您是说……那他一定会高兴疯了！"

"没错，我要送他一只小狗。"法官说道。

他开始告诉我如何喂小狗，说了几句，他停了下来："我这么说你可能会忘，我还是写下来吧。"于是法官走进屋，打印了一份小狗血统证明和喂养方法，连同那只价值数百美元的小狗一起送给了我。这位法官和我聊了一个多小时，还送名贵小狗给我，正是因为我对他的爱好和成就表达了真心赞美。

柯达公司创始人乔治·伊斯曼发明了透明胶片，让电影成为可能，他也因此积攒了上亿美元财富，成为世界知名的商人。尽管他取得了惊人的成就，但依然如同你我一样，渴望得到小小的认同。

伊斯曼出资在罗彻斯特建造了伊斯曼音乐学院和基尔伯恩音乐厅。当时，纽约高级座椅公司总裁詹姆斯·阿达姆松想要得到订单，为这两栋建筑提供座椅。于是，阿达姆松联系了一位建筑师，希望经他引荐，能有机会和伊斯曼在罗彻斯特见上一面。

阿达姆松到达后，这位建筑师说："我知道你想拿到这份订单，但我必须和你说清楚，和伊斯曼说事，最好不要超过五分钟，不然你可能什么都得不到。他是个时间观念很强的人，也很忙，把你要说的话说完，赶紧走人。"

阿达姆松决定按照建筑师交代的做。

当他被带进办公室，办公桌上堆满了文件，伊斯曼先生正伏案工作。过了一会儿，伊斯曼先生抬起头来，摘下眼镜，走向建筑师和阿达姆松先生，说道："早上好，先生们，我能为你们做些什么吗？"

建筑师为他们彼此做了介绍，然后阿达姆松说："伊斯曼先生，刚才我们在等您时，我一直在欣赏您的办公室。要是我也能有这样一间办公室就太好了。我是做室内木制品生意的，我这辈子还没见过比这更漂亮的办公室。"

乔治·伊斯曼回答说："你不说，我都差点儿忘了。它很漂亮，是吧？办公室一建成，我就特别喜欢。我现在虽然每天都来这里办公，但有太多工作要做，满脑子都是事，好久都没有好好欣赏一下我的办公室了。"

阿达姆松走过去，用手摸了一下桌板，问道："这是英国橡木的，对吧？质地和意大利橡木略有不同。"

"没错,"伊斯曼回答,"这是英国进口的橡木,是一位专门做上等木材生意的朋友为我挑选的。"

然后伊斯曼先生带他参观了自己的办公室,两人就房间结构、色彩搭配、手工雕刻聊了起来。伊斯曼先生还向他专门介绍了哪些细节是他参与设计的。

两个人边走边欣赏办公室内的木质居家,最后他们在窗前停下。乔治·伊斯曼谦虚而又温和地和阿达姆松谈起了他捐助的一些机构:罗彻斯特大学、综合医院、顺势疗法医院、友好之家以及儿童医院。阿达姆松对伊斯曼热心公益、造福人类的行为钦佩不已。随后,伊斯曼打开玻璃展柜,取出了他人生的第一台照相机——那是他从一个英国人手里买来的。

阿达姆松又和伊斯曼聊起了他早年创业时的艰辛。他回忆起童年的困苦生活,讲述母亲早年独自辛苦经营着一家寄宿公寓,而他在一家保险公司上班。为了摆脱贫穷,让母亲不再为金钱烦恼,他下定决心,一定要赚大钱。在伊斯曼讲述自己做干胶片底板实验时,阿达姆松也听得饶有兴致,认真专注,不时提一些问题。伊斯曼讲述自己有时一整天都泡在实验室里,有时一干一整晚,只有在等待化学反应结果时,才能打个盹。有时,他在实验室一蹲就是72小时,困了就在实验室睡。

阿达姆松在10点15分被领进乔治·伊斯曼的办公室,当时他被告知交谈最好不要超过5分钟。然而,1个小时过去了,2个小时过去了,他们还在兴致勃勃地交谈。

最后,伊斯曼对阿达姆松说:"上次我去日本买了几把椅子回来,放在家里的门廊处。但因为光照,椅子上的漆脱落了很多。前几天我去了市区，买了一些油漆，自己把椅子上的油漆补上了。你想不想看看我补得怎样？好吧，一起来我家吃午饭吧，我给你看看那几把椅子。"

午饭后，伊斯曼先生带阿达姆松看了那几把椅子。这几把椅子不值什么钱，但乔治·伊斯曼，一位千万富翁，却引以为豪——因为这些椅子上的漆是他亲自刷的。

新建筑中座椅订单价值高达9万美元，你觉得谁会拿到这份订单？——詹姆斯·阿达姆松还是他的竞争对手？

这次见面后，一直到伊斯曼先生去世，他和阿达姆松都是亲密的朋友。

若你想运用赞美原则，从哪里开始呢？不妨从家里开始。没有哪个地方比家里更需要赞美了，而家里恰恰是最容易被忽视的地方。你的配偶一定有很多优点，至少你曾经这样认为过，否则你们也不会在一起。想想看，你多久没向爱人展现你的魅力了？是不是很久了？

今晚或明晚，在对方心仪的地方，准备一顿浪漫的晚餐，为对方制造一个惊喜！带着微笑，向爱人说出你的爱意和赞美。你不要只说"这是我应该做的"，行动起来吧！

如何让别人喜欢你呢？秘诀就在这里，让他们谈论自己。这并不是我说的，我借用了著名的记者和报纸专栏作家多萝西·迪克斯的名言。她曾采访过一个臭名昭著的重婚者，他不仅骗取了23位女性的芳心，还骗走了她们的钱财。当有人问他，用什么秘诀欺骗了这些女性时，他说没有秘诀，非要说有的话，那就是，让她们谈论她们自己。

这条规则对男性也一样适用！曾经的大英帝国首相迪斯累里精于世故，他曾说过这样的话："和一个人谈论他自己，聊多久他都不会厌烦。"所以，如果你想让别人喜欢你，请记住：

- 原则 6：
诚挚地让对方感到自己很重要。

小 结　　让他人立刻喜欢上你的六大方法

- 原则 1　真诚地表现出对他人的兴趣
- 原则 2　微笑，微笑
- 原则 3　务必记住他人的姓名
- 原则 4　学会倾听，鼓励对方多谈他自己的事
- 原则 5　谈论对方感兴趣的话题
- 原则 6　诚挚地让对方感到自己很重要

至此，你已经了解了本书的多项准则。现在合上书，立刻行动起来，赞赏和关注你周围的人，看看这些原则会带来多么神奇的效果！

人性的弱点

PART 3

第三部分
如何与他人友好相处，实现共赢

1. 赢得争论的唯一方式就是避免争论

"一战"后的一个晚上，我在伦敦学到了宝贵的一课。当时我担任罗斯·史密斯爵士的经理人。"一战"期间，罗斯爵士是澳大利亚王牌飞行员，曾出征巴勒斯坦。战争结束后，他30天内驾驶飞机环游半个地球，此举震惊了全世界。此前，从未有人完成这样的壮举，因此这引起了巨大的轰动。澳大利亚政府奖励他5万美元，英国国王也授予他爵士称号。一时之间，在大英帝国，他家喻户晓。一天晚上，我出席了为罗斯爵士举办的宴会。坐在我旁边的男士给我讲了一个幽默故事，最后他说这个故事正应了那句名言："我们只管去盘算，结局怎么样，却自有天意安排。"

这位男士说这句话来自《圣经》。他说错了。我肯定他说错了。为了获得关注，彰显自己的才能，我自以为是地觉得自己有义务指出他的错误。我也这样做了，但没想到，他竟然冥顽不灵，坚持自己没错。"什么？引自莎士比亚？不可能！一派胡言！这句话就是《圣经》里的，绝对没错！"

这位男士坐在我的右边，我的老朋友弗兰克·甘蒙德坐在我的左边。甘蒙德多年来一直致力于莎士比亚的研究。所以我们两个请他评判一下到底谁对。甘蒙德听了我们的问题后，在桌子下偷偷踢了我一下，然后说："戴尔，你错了。这位先生是对的。这句话出自《圣经》。"

当晚回家的路上，我对甘蒙德说："弗兰克，你明知道这句话是莎士比亚说的。"

"没错，你是对的，"他回答说，"出自《哈姆雷特》第五幕第二场。但亲爱的戴尔，我们是客人，是来参加宴会的。为什么一定要证明他错了呢？这会让他喜欢你吗？为什么不给他留点颜面呢？他又没问你的意见。他也不想听你的意见。为什么一定要和他争论？不要总是唱反调。"朋友的话给我很好地上了一课，我永生难忘。我不仅让那位先生心生不满，还让我的朋友陷入尴尬的境地。如果我不那么好辩，就什么事都没有了。

我喜欢辩论，这个教训对我来说，不可谓不深刻。年轻时，我和哥哥凡事都要争个对错。上大学，学习了逻辑学和辩论学后，我就开始频繁参加各种辩论赛。我来自密苏里州，密苏里州又被称为"索证之州"。要想说服我，就证明给我看。后来，我在纽约教授辩论学，虽然很不想承认，但我当时还想过写一本关于辩论的书。从那时起，我观摩、参与、研究过数千场辩论赛。由此我得出的结论是，在这个世界，要想在辩论中占上风，方法只有一个，那就是避免争论，能避多远，就避多远。

在绝大多数情况下，辩论结果就是谁也说服不了谁，双方反而更坚信自己才是有理有据、正确的一方。

争论无赢家。输即是输，赢亦是输。为什么？想象一下，你在辩论中大获全胜，把对方驳斥得体无完肤，证明他们全是一派胡言。那又怎样？你是神清气爽了，那对方呢？他们会感觉自卑，自尊心受伤，甚至愤恨你的胜利。

"如果一个人口服心不服，他的观点仍然不会改变。"

多年前，帕特里克·奥海尔上过我的培训课程。他没受过什么教育，很喜欢和人吵架。他曾做过司机，转行销售卡车后，生意一直不好。稍微了解一下后，我发现他在推销时经常和客户吵架，激怒客户。每当有潜在客户对车的质量提出质疑，他就会火冒三丈，随时摆出一副要暴揍对方一顿的样子。当时，帕特里克吵架很少输。正如他后来和我说的："我经常一边出办公室，一边对自己说'我得让他明白怎么回事！'我的确让他明白了，但我也什么都没卖出去。"

我的首要任务不是教帕特里克先生如何沟通，而是让他说话克制，避免言语冲突。

帕特里克先生后来成了纽约怀特汽车公司的金牌销售员。他是怎么做到的？我们来听听他自己的讲述。

现在，如果我走进一个顾客办公室，他说："什么？怀特卡车？这个牌子不行啊。就算白给我，我也不要。我想要买××卡车。"我会接着他的话说："这个牌子的卡车非常不错。买了他们的车，你绝不会后悔。他们的销售员服务也非常好。"

他一下子就不知道说什么了。完全没争论的必要。如果他说哪家公司好,我就表示赞同,他肯定也没法再说下去了。在我一直赞同的情况下,他也不可能一下午不停地说'××公司最好'。当不再谈论哪些公司最好后,我开始介绍怀特卡车的优点。

以前,听到客户那样说,我会火冒三丈,极力反驳他的说法。但是我越争辩,他就越坚定。结果就是,他越说越觉得那个牌子汽车好了。

现在回想起来,我都不知道当时怎么会那样销售卡车。我竟然浪费了数年光阴和人吵架。我现在不与人争辩,效果显而易见。

正如本杰明·富兰克林所说:"与人辩论、抱怨或驳斥他人,可能会带来一时的胜利,但这毫无意义,你永远得不到对手的尊重。"

所以,想想清楚,你更想要哪一个,形式上的胜利,还是对方的尊重?二者不可兼得。

《波士顿书摘》曾刊登过一首打油诗,其寓意深远。

威廉·杰伊长眠于此
此人好辩,至死方休
真理在握,每战必胜
但人死灯灭,输赢又如何?

争论中,你可能是正确的,无可辩驳,但这毫无意义,因为你无法改变他人的想法。

威廉·吉布斯·麦卡杜曾担任伍德罗·威尔逊内阁的财政部长。多年从政生涯让他明白了一个道理，那就是，争论永远无法击败一个无知的人。

无知的人？麦卡杜先生，您说得太客气了。我的经历告诉我，口舌之争不会让任何一个人改变主意。这与智商无关。

弗雷德里克·帕森斯是一名税务顾问。因为一笔9000美元的款项，他和一名政府税务稽查员吵了整整1个小时。帕森斯先生坚称这是一笔坏账，收不回来，不应征税。"坏账！胡说！"稽查员反驳道，"必须缴税。"

"这个稽查员冷漠、傲慢、顽固不化。"帕森斯先生在课上分享这件事时说，"罔顾事实，还不讲道理。你越和他讲理，他越固执己见。所以，我决定不和他吵了，转移话题，开始称赞他。

"我对他说：'在你看来，这是一件微不足道的小事。你平时工作，面对的事情一定比这重要也比这麻烦得多。虽然我学过税务知识，但都是书本上来的，都是纸上谈兵，不像你，有丰富的实践经验。真希望能有一份您这样的工作，一定可以从中学到很多东西。'我说这些话时，都是真心实意的。

"这位稽查员在椅子上坐直身体，靠在椅背上，开始和我聊其他工作。还教我如何识破假账骗局。我们聊了很长时间，他说话的语气越来越友好，后来还和我聊起了他的孩子。临走时，他和我说，他会再考虑一下这笔钱的征税问题，几天后给我答复。

"三天后,他来到我的办公室,告诉我那笔钱不用征税了。"

这位税务稽查员恰恰表现出了人类普遍的一个弱点——渴望得到重视。在和帕森斯先生争辩时,他通过疾声厉色捍卫自己的权威,希望由此引起对方重视。一旦他获得重视,争论就会停止。自我得到加强,他自然就变得明理和友善。

佛家有云:"恨不能平息恨,只有用爱才可以平息恨。"误解永远不会因争论而结束,只有运用技巧,以温和的态度和同理心去应对,才能消除误解。

曾有一位年轻军官因和同事发生激烈争吵而被林肯斥责。"一个对自己期望甚高的人,怎么可以把时间浪费在争吵上面?"林肯说道,"发怒和失控的后果都不是你所能承担的。不要因小失大,不要揪着一时小利不放。路上遇到狗拦路,最好给它让道,以防被狗咬;若是被狗咬了,即使杀了狗,伤口也不会好。"

新泽西州费尔菲尔德经济出版社出版的杂志《语丝》刊登过一篇文章,该文就如何避免分歧演变成争论提出了一些建议。

> 接受分歧。记住这句话:"假如两个合伙人的意见总是相同,则必有一人是多余的。"假如有些观点你没有思虑到,那么应该感谢那个引起你注意的人。也许,这个不同的意见是修正你自己观点的机会,可以避免造成严重的错误。
>
> 不要轻易相信直觉。处于逆境时,我们的第一反应就是戒备防御。一定要注意,时刻保持冷静,警惕自己的第一反应,它有可能让你变成最糟糕的你,而非最好的你。

控制情绪。看一个人是否容易发脾气，就可以知道这个人的为人。

学会倾听。给对手说话的机会，在他没说完时，不要打断、辩解或反驳，否则只会增加隔阂。试着理解对方，不要徒增误解。

寻找共同点。听了对方的观点后，首先思考你赞同的地方。

真诚相待。有错就认，勇于道歉。这有助于消除对方敌意，令其卸下防备。

向对方承诺，你会认真思考和研究他的想法，并且说到做到。对方很有可能是对的。借此机会，认真思考对方的观点，不要急着下结论，不要到最后才发现自己错了，被对方指责："我早告诉过你了，但你不听。"

为对方给予的重视和关注，真诚表达感谢。愿意花时间和你争辩的人，一定与你一样，都对同一件事感兴趣。把他们视作真心愿意帮助你的人，也许可以化敌为友。

放缓行动，给双方留出时间把问题想清楚。可以在当天晚些时候或者第二天，弄清楚所有细节后再讨论。再次见面前，先问问自己下面这些问题：

对方完全正确吗？还是部分正确？他们的观点合理吗？我的回应有助于解决问题、缓解紧张局面吗？我的回答拉近了我和对方的关系，还是把对方推得更远？人们会因为我的反应对我评价更高吗？我是会输还是会赢？如果输了，我要付出什么代价？如果我保持沉默，争论是否就会平息？这个困境对我来说，是个机会吗？

歌剧男高音歌唱家简·皮尔斯在结婚近五十年时曾说："我和妻子很久以前就立下了一个约定，无论我们对彼此有多生气，都必须遵守。这个约定就是，当一个人大喊大叫发火时，另一个人必须听着——因为两个人同时吼叫的时候，那不是沟通，而是在制造噪声。"

> • 原则 1：
> **赢得争论的唯一方式就是避免争论。**

2. 尊重他人的想法，永远不要对他说"你错了"

西奥多·罗斯福担任总统时曾坦言，如果他做的事有75%是正确的，他就心满意足了。

作为20世纪最杰出的人物，他对自己的最高期待尚且如此，那么，作为普通人的你我又如何呢？

如果你能保证自己做的事有55%是正确的，那么你去华尔街一天赚个100万美元不是问题。如果你连55%的正确率都没有，那你凭什么说别人是错的？

告诉他人错了很容易，无须开口，一个眼神、一个语调、一个手势都可以达到同样效果——但是，当你指出对方错了的时候，他们接受吗？当然不！你的批评直接否定了他们的智慧和判断力，伤害了他们的骄傲和自尊。那只会激起他们的反击，永远不会让他们改变想法。你可以用柏拉图或康德的逻辑抨击他们，但你改变不了他们的看法，因为你伤害了他们的感情。

与人交流，不要张嘴就说："让我告诉你，你错就错在……"这样做有害无益，无异于在说："我比你聪明，我来教教你，让你改变自己的想法。"

这相当于向对方发起挑战。这样做，只会激起对方的反抗，你还没开口，听到的人就想和你争论。

即使在友好的氛围中，改变对方想法都很难，为什么还要雪上加霜、自寻烦恼呢？

如果你想证明什么，别让任何人知道，要不着痕迹、有技巧地去做。亚历山大·蒲柏曾经犀利地指出：

> 潜移默化，人方受教；斥其无知，不如称其易忘。

300多年前，伽利略也曾说过：

> 你无法教会一个人，唯一能做的就是引导他自行领悟。

切斯特菲尔德勋爵这样告诫他的儿子：

> 你可以比别人更聪明，但是不要让他们察觉。

在雅典，苏格拉底一再对他的追随者说：

> 我唯一知道的，就是我一无所知。

我从未觉得自己比苏格拉底聪明，所以我不再批评任何人。我发现，这样做大有裨益。

如果你觉得有人说错了话，你非常肯定他错了，那这样表达是不是更好："嗯，你看，我和你想的有点不同，但可能是我错了。我经常犯错。如果真是我错了，我希望有机会改正。我们一起来看看到底是怎么回事。"

"但可能是我错了。我经常犯错。如果真是我错了，我希望有机会改正。我们一起来看看到底是怎么回事。"此类话似乎具有神奇魔力。当你说出来时，想来不会有人好意思反驳你。

承认错误不仅能够避免麻烦、平息争端，还会让对方变得心平气和、心胸开阔，也更容易承认错误，如果他们确实犯了错的话。

如果一个人犯了错，你直截了当地指出来会发生什么？我们来看个例子。S先生来自纽约，是一名年轻的律师，曾在美国最高法院担任一个重要案件的辩护律师。这个案件涉及巨额赔偿金和一个重大法律问题。辩论中，一位法官问S先生："海事法诉讼时效是六年，对吧？"

S先生愣了一下，然后直截了当地回答说："法官阁下，海事法没有诉讼时效。"

"法庭上一下子鸦雀无声，"S先生在我的课上分享这段经历时说，"现场温度瞬间降到了冰点。我没有说错，法官错了。我告诉了他正确答案。但这让他变得更友好了吗？完全没有。虽然我相信法律是站在我这边的，法庭上的辩论我表现得前所未有的好，但我依然没有胜诉。我犯了一个致命错误——在法庭公开纠正一位博学多才的大法官的法律常识错误。"

绝对客观公正的人几乎没有，我们大多数人都有偏见，被一些先入为主的观念——嫉妒、怀疑、恐惧、嫉妒和傲慢——所折磨困扰。大多数人都不愿改变自己对信仰、发型和偶像的看法。如果你总想给别人挑错,请在每天早餐前阅读下面这段话——摘自詹姆斯·哈维·罗宾逊的著作《意识的形成》,十分具有启发性。

有时我们会主动改变想法,没有任何抵触情绪。但如果有人指责我们,我们往往不会改变,甚至心生愤恨。我们并不在意自己拥有何种信念,但若有人想要夺走时,我们会发现自己对这些观念拥有了炙热的情感。很显然,我们看中的不是信念本身,而是受到威胁的自尊……小小的一个词"我的",却是最重要的字眼。正确使用这个词,我们会变得更加智慧。无论是"我的"晚餐、"我的"狗、"我的"房子,还是"我的"父亲、"我的"国家、"我的"上帝,这个词都具有同样强大的力量。我们不仅讨厌别人说我们的表不准,说我们的车破,也厌恶别人对我们的看法横加指责,如火星运河概念、"Epictetus"的发音、水杨苷的药用价值或萨尔贡一世的诞辰日。我们总是相信我们习惯了的事情,如果有人对此质疑,我们心生怨恨,竭尽全力维护自己的信念。其结果就是,所谓的"推理"不过是在捍卫我们习惯了的想法而已。

著名心理学家卡尔·罗杰斯在他的《个人形成论》一书中写道:

我发现,让自己理解他人意义重大。我这样说你可能觉得有点奇怪。有必要让自己理解他人吗?我觉得需要。对别人说出来的话，我们的第一反应往往是评价或判断，而不是去理解。当有人表达情感、态度或信仰时，我们首先产生的想法是，"没错"或"太蠢了""太荒谬了""不合理""不对""很糟糕"等。很少有人让自己认真理解对方的想法和感受。

我曾请一位室内设计师为我家做一些布艺装饰。但看到账单那一刻，我非常郁闷。

几天后，一位朋友来我家拜访，看到了这些装饰。听到价格后，她自以为是地喊道："什么？这么贵！你一定被骗了！"

我真的被骗了吗？没错，我的确被骗了。她说的没错。但没有几个人愿意听这样的真话。作为一个普通人，我本能地开始为自己辩解。我对她说，从长远来看，贵的东西更划算。另外，一分钱一分货，便宜价格买不到高品质和充满艺术品位的东西等。

第二天，另一个朋友来访时，对我的布艺装饰赞不绝口，并热情地对我说，她觉得这些装饰特别精美，要是买得起，她也想买一些装饰自己的家。我的反应和前一天截然不同。"嗯，说实话，"我说，"对我来说也太贵了。感觉自己被坑了。我很后悔买这些装饰。"

当我们犯错时，我们可以向自己承认。如果他人态度温和，委婉地指出我们的错误，我们可能会向对方承认，并为自己坦率、心胸开阔而自豪。但如果有人毫不顾忌我们的感受，指出我们的错误，强迫我们接受，那绝不可能。

霍勒斯·格里利是美国内战时期最著名的编辑。他强烈反对林肯的政策，坚信可以通过辩论、嘲笑和辱骂迫使林肯同意他的观点。日复一日，年复一年，他自以为是的战斗从未停歇。就在林肯总统遇刺当晚，他还写了一篇尖酸刻薄的文章，对林肯进行人身攻击。

但这些做法让林肯改变政策，认同格里利的想法了吗？当然不可能。嘲笑和辱骂永远不会改变他人的想法。

如果你想知道如何为人处世，如何提升自己，如何自我约束，不妨读读本杰明·富兰克林的自传——一部美国文学史上的经典之作，描绘了有史以来最精彩的人生故事。在书中，本杰明·富兰克林讲述了自己如何从一个争强好辩的毛头小子，最终成为美国历史上精明能干、温文尔雅、处事圆滑的政治领袖的过程。

当富兰克林还是个浮躁的年轻人的时候，有一天，一位贵格会的朋友把他拉到一边，尖锐斥责他："本，你太过分了。谁和你意见不同，你就用言语攻击对方，这无异于扇人耳光。你说话尖酸刻薄，没人喜欢听。朋友们都说，你不在，大家更高兴。你觉得自己什么都知道，谁也辩不过你。事实上，大家只是不想和你争辩，没用不说，还会惹一肚子气。你也就这点本事了——愚昧无知。"

本杰明·富兰克林最令人佩服的一点就是他勇于接受别人的指责。他这个人足够聪明，心胸宽广。虽然这些话很难听、很刺耳，但他知道朋友说的没错，他也意识到，继续下去，他必然会走向失败，麻烦不断。所以他决心彻底改变，开始纠正自己傲慢无礼、固执己见的行为。

"我给自己定了规矩，"富兰克林写道，"约束自己，不直接驳斥他人，不随便下结论。我甚至禁止自己使用过于绝对的字眼，比如'肯定''毫无疑问'等等，而是用如下说法代替，如'我觉得''我担心''我猜想这件事……'，或者'目前看来是这样'。当有人斥责我的想法时，虽然很想驳斥对方，但我努力克制自己的渴望。相反，我首先指出，在某些情况下他的意见是正确的，但在目前的情况下，我觉得情况可能有些差异，等等。很快我就发现这种改变带来的好处，我和他人的交流变得愉快起来。我提意见时态度委婉谦虚，不仅大家乐于接受，也减少了很多矛盾。当别人指出我的错误时，我也不会感到屈辱。当我碰巧是对的一方时，也更容易说服对方放弃他们的错误看法，站在我这一边。

"一开始，每次这样做时，我都感到很勉强，需要费力压制自己的本能反应。但慢慢地，我感觉这越来越容易，最终成为一种习惯。在随后的50年，我再也没有说过任何一句独断专行的话。也正是因为这个习惯（以及正直品格），让我推行新政或改变旧制度时赢得民众的广泛支持。在进入公共委员会后，也正是这个习惯扩大了我的影响力。我不是合格的演说家，不擅演讲，经常词不达意，没有任何语言优势，但我总能清楚表达我的观点。"

本杰明·富兰克林的方法在商业领域也会奏效吗？下面来看两个例子。

凯瑟琳·奥尔雷德来自北卡罗来纳州的金斯芒廷，是一家纺纱厂的工程主管，她在工作中曾遇到一个棘手问题，她在课堂上和学员分享了她的处理方法。

我的职责之一就是制定工人奖励机制和考核标准并落实。根据这个制度，工人生产纱线越多，赚的钱就越多。当我们只生产两三种纱线，这个奖励机制很管用。但最近我们扩大了库存和产能，可以同时生产 12 种不同的纱线。现有的这套奖励制度就不太适用了，不仅不能公平公正奖励员工，也无法激励员工提高生产效率。于是我重新制定了一套奖励机制，根据员工在一定时间内生产的纱线等级支付薪酬。然后在开会时，我向管理层提交了新制度，试图证明我的提议是正确的。我逐条列出现有奖励机制的不合理，指出这对员工不公平，而我制定的新制度，可以解决所有问题。结果呢？这么说吧，我输得一塌糊涂。由于我急于证明自己的制度有效，没给对方留任何回旋余地，问题彻底陷入僵局。

上了几节课之后，我清楚地意识到自己错在哪里。我再次召开会议，请他们说出现有机制可能存在的问题。针对大家提出的问题，我们详细进行了讨论。然后，我问他们最好的解决方法是什么，并在恰当的时机，低调地提了几条建议，把他们往我的新制度上引，让他们自己发掘新制度的优势。在会议结束时，我完整介绍了我的新制度，大家欣然接受了。

我现在明白，直白说出对方的错处，对谁都没有好处，只会带来伤害——不仅伤害了对方的自尊，也让自己被所有人讨厌。

我们再来看另外一个例子——请注意，本书的每个例子都具有代表性，并非个例。克劳利是纽约一家木材公司的推销员。他分享说，多年来，他一直在告诉那些固执傲慢的木材质检员，他们错了。虽然每次争论他都赢了，但这并没有给他带来什么好处。"因为这些木材质检员，"克劳利说，"就像棒球裁判一样，一旦做了决定，就绝不会更改。"

克劳利发现，虽然他吵赢了，却给他的公司造成数千美元的损失，于是他决定改变策略，不再和人争辩。结果如何呢？下面是克劳利讲述的内容。

一天早上，我办公室的电话响了。电话的另一端，一个声音不耐烦地通知我，我们运到他工厂的一整车木材都不合格。工厂已经停止卸货，并要求我们立刻把货物从他们厂子拉走。他说，货卸了1/4时，他们的质检员检查木材，发现有55%的木材不合格，因此他们拒绝收货。

我立刻赶往他们的工厂，一路上都在思考如何才能更好地解决这件事。以前遇到这种情况，通常情况下，我都会引用木材分级标准，并根据我自己的经验和知识，花心思说服质检员木材实际上是合格的。他之前说不合格，那是因为他检验标准用错了。但这一次，我打算运用在培训课上学到的原则。

当我到达工厂时，我看到了搞笑的一幕——木材采购员和木材质检员似乎正气势汹汹地等着我，准备和我大干一架。我们走到货车旁，我请他们继续卸货，想看看到底是怎么回事。我请质检员继续按照他们的方式检验。他把不合格的放到一边，合格的放另一边。

观察了一段时间后，我明白了：质检员误解了检验标准，检查过于严苛了。这种木材是白松木，我知道那位质检员是个合格的硬木质检员，但对白松木应该不了解，也欠缺经验。碰巧我十分了解白松木，但我还要像原先那样斥责他检验标准用错了吗？当然没有。我继续观察，不时问一下哪块木材为什么不合格。质检员用错标准的话，我一句也没提。我只是强调，我之所以这样问，主要是为了确保今后供给他们的货符合标准，满足他们的要求。

我问问题的时候态度友好，积极配合他们质检，并且一直强调他们单独放置不合格木板的做法太好了。这位质检员的态度也逐渐友善起来，我们之间的关系也没有那么紧张，趋于缓和了。我偶尔委婉地提醒，让他意识到，他们拒收的这批木材可能实际上是符合标准的，他们错用了高价木材的检验标准。但我依然很谨慎，不让他觉得我要拿这件事做文章。

慢慢地，他彻底改变了态度。最后，他向我承认他对白松木没有经验，随后，在每块木板卸车时，他都咨询我的意见。我详细解释了每块木板为什么符合标准，并一直坚持说，如果发现不合格的木板，完全可以退货给我们。再后来，他给我们的木板质检时，都不好意思将其评定为不合格。他终于明白，错误在他们，他们制定的木材检验标准并不适合他们当前购买的木材。

最终结果就是，在我离开后，他又重新检验了整辆车的木材，全部接受。我们也收到了全额款项。

这虽然是很小的一件事，但我用了一点小技巧，即使明知他错了，也没有揭穿，这不仅为我的公司挽救了巨大损失，还赢得了对方的善意，这是无法用金钱衡量的。

顺便说一下，我本章所论述的并不是什么新观点。早在2000多年前，耶稣就曾说过："尽快与你的对手和解。"

公元前2200年，古埃及国王阿赫托伊曾给他儿子一条宝贵建议，这句话至今仍是一条金科玉律。"灵活变通，"国王建议道，"才能让他人赞同你。"

换句话说，不要和你的客户、配偶或对手争辩。不要直言他们错了，不要激怒他们。为人做事要懂得灵活变通。

> • 原则2：
> **尊重他人的想法，永远不要对他说"你错了"。**

3. 主动真诚地承认错误，退一步海阔天空

我家附近有一片原始树林，步行过去用不了一分钟。那里遍地黑莓树，每到春天，白色的花朵缀满枝头。小松鼠在此筑巢，养育后代。飞蓬草枝繁叶茂，齐齐有马头高。这片自然林地被称为森林公园——这的确是一片森林，从外观上看，哥伦布发现美洲大陆时，它就这个样子，至今似乎没什么不同。我经常带着我的爱犬雷克斯去公园散步。雷克斯是一只波士顿斗牛犬，友善无害。因为公园几乎没什么人去，所以我从未给雷克斯拴过链子或戴过嘴套。

一天，我们在公园散步时遇到一位骑警。他有意显示他的权威："你怎么回事？你的狗为什么不拴绳子也不戴嘴套在公园里乱跑？"他斥责我说，"难道你不知道这是违法的吗？"

"我知道，"我温和回答说，"但我认为在这里它不会伤害他人。"

"你认为不会！你认为！法律不在乎你怎么想。这只狗可能咬死一只松鼠或者咬伤小孩。这次我放过你。如果再让我看见这

只狗不拴绳，不戴嘴套，你就去和法官解释吧。"

我立刻诚恳地保证一定遵守规定。

我的确遵守了——但只有几次。雷克斯讨厌嘴套，我也不喜欢。所以我们决定碰碰运气。之后的一段时间，我们运气都很好。但人真不能心存侥幸。一天下午，我和雷克斯刚冲过一个山坡，突然——太郁闷了——那位代表法律的威严的骑警，骑着栗色大马出现在了我们面前。雷克斯在我前面，径直朝警官冲去。

我知道，这下子完了。所以我没等骑警开口，就抢先说："警官，我被您逮个正着。我错了。我没有不在场证明，也没有任何借口。您上次警告过我，如果我带狗出来，再不给它拴绳戴嘴套，您就会罚我。"

"好吧，现在，"警察一反常态，温和地对我说，"我知道当周围没有人的时候，你肯定很想让这样一只小狗尽情到处跑跑。"

"我当然想啊，"我回答说，"但这样不合法。"

"嗯，这么小的狗不会伤害任何人的。"警察反而来劝我了。

"的确不会，但可能咬死松鼠。"我说。

"现在，没你想得那么严重，"他告诉我，"按照我说的做。现在，让它去山那边，到我看不见的地方——让我们忘了这件事，就当它没发生过。"

警察也是人，渴望被重视。所以当我开始谴责自己时，唯一能够维护他自尊心的方式就是他宽宏大量地饶恕我。

但如果我为自己的行为强行辩解——呃，你敢和警察争辩？

因此，我没有和警察争辩，主动承认全是自己的错，他一点错也没有。我快速、积极、诚恳地认了错。我理解他做警察的职责所在，他也体谅我的爱狗之心，争端消弭于无声。一周前，他还警告说要起诉我，但现在，他待我非常和善友好，即使是切斯特菲尔德勋爵也不会比他更宽容了。

若知晓无论如何都逃不过一顿责骂，那么抢先认错，自我批评，总好过忍受别人的谴责，不是吗？这样也会好受得多。

在他人说出贬低批评你的话前，你要主动认错，积极地自我批评，不给对方机会斥责你。这样，对方很有可能会转变态度，变得宽容大度，你的错误也会被淡化，就像那位骑警对待我和雷克斯一样。

费迪南德·沃伦是一位商业广告艺术家，正是凭借这一原则，赢得了一位脾气暴躁的客户的好感。沃伦分享他的故事时说：

> 广告或出版物中的插图，需要极高的准确度和精细度。有些美编总是临时派任务，要求在短时间内完成。在这种情况下，一些小错就在所难免了。我认识一位艺术总监，他总爱在一些小事上吹毛求疵。每次从他办公室出来，我都气得要死，他不仅批评我，还总是进行人身攻击。最近，我刚把一份加急完成的作品交给他，他就给我打电话，让我去他办公室，说有些地方有问题。当我惴惴不安过去时，和我预想的一样，他摆出一副小人得志的表情，满怀恶意地等着挑我的刺儿。他怒气冲冲地问我为什么这样做。这恰好给我了一个机会实践自我批评的方法。我说："先生，如果您说的都是真的，那的确是我的错。我不会为自己的错误找任何借

口。我为您画了这么长时间的画，本应该很清楚您的需求。对此我感到很抱歉。"

听了我的话，他立刻开始为我辩解："是，你说的没错，但这毕竟不是什么严重错误，只是……"

我打断了他："任何错误都有可能导致昂贵的代价，带来烦恼。"

他屡次想要插话，但我没给他机会。我说得很开心。这是我人生中第一次批评自己——感觉很不错！

"我应该更认真一些的，"我接着说，"您给了我很多工作机会，应该得到最好的画作，所以我决定重新画一遍。"

"不用了！不用了！"他反对道，"不用这么麻烦。"他赞扬了我的工作，并向我保证，只有一小处需要改动，而这一点错误不会给他的公司带来任何损失。这只是一个小问题，不用担心。

我抢先自我批评，让他丧失了斗志。最后，他还请我吃了午饭。当我们说再见时，他给我了一张支票，并且又给了我一个活儿。

勇于认错会带来一定程度的满足感，这样做不仅能消除内疚心理，减少对抗，且有助于改正错误，消除不良后果。

布鲁斯·哈维来自新墨西哥州阿尔伯克基市。他因疏忽给一位请病假的员工支付了全额工资。发现错误后，他立刻通知了那位员工，并解释说，多发的工资需要从下月工资中扣除。那位员工表示自己最近经济困难，希望可以多给他一段时间还钱。

哈维告诉员工,这件事他不能做主,需征得老板同意。"而我知道,"哈维说,"一旦让老板知道,他一定会大发雷霆。如何才能更好地处理这件事?这件事最初错在我,我必须向老板承认我的错误。

"我走进老板办公室,跟他说我犯了错,接着讲述了全部经过。他生气地说那是人事部门的错。我一再说那是我的错。他又开始斥责财务部门不负责任。我再次解释是我的错。他反而责怪办公室里的另外两个人。但我坚称是我的责任。最后,他看着我说:'好吧,这确实是你的错。现在去把这事解决了。'最终我解决了这件事,也没波及其他同事。我很开心自己没有推脱责任,圆满解决了问题。从那以后,老板更加器重我了。"

即使是愚蠢的人犯了错,也会为自己辩护,找借口开脱——事实上大部分愚蠢的人都是这样做的——优秀的人勇于认错,认错是一种美德,会带给人由衷的喜悦。

承认错误从来不是一件易事,尤其是对我们爱的人认错,更是难上加难。从古至今,拒绝认错不知破坏了多少婚姻,让多少家庭破碎。我们都知道,战胜骄傲有多难,那么试想一下,挑战一直以来坚信的"真理",那将是多么困难?

迈克尔是我们培训班的一个老师,他分享了一个中国学员的故事。一个来自中国的学员因不良行为导致家庭破裂,儿子多年不和他说一句话。改正后,他想和儿子重归于好,想看看从没见过自己的孙子孙女。但在中国传统观念中,天下无不是的父母,儿子就该尊重孝敬父母,他深受影响,因而不愿先迈出一步。他认为,应该由他儿子主动和解。一开始,他觉得自己没错,就应该儿子先低头。但他后来改变了主意。他意识到自己其实是恐惧，只是用传统孝道当借口在逃避。后来他在分享时说："我思考了很久，终于明白，如果你错了，就要立刻果断承认错误。我没能立刻承认错误，那就果断认错。我不该怪我的儿子。他不想见我，不想和我一起生活，这都是我的措。虽说请求儿子原谅可能会让我觉得丢脸，但犯错的是我，我有责任承担一切。"

全体学员为他鼓掌，全力支持他的决定。后来的课上，他讲述了他去儿子家认错的经过。他原本担心，在经历了这么长时间之后，儿子可能不会接受他的道歉，但并没有，他的儿子原谅了他。他也见到了心心念念的孙子孙女，一家人正开始一段新的关系。

美国作家阿尔伯特·哈伯德见解独到，经常在全国引起热议，其犀利言辞也常常激怒读者，但其却经常凭借高超的处世技巧，化敌为友。

例如，一些读者看了他的文章后被激怒，不仅写信把他的文章批得一文不值，还辱骂他。阿尔伯特·哈伯德会这样回复：

> 仔细想想，以前的某些观点我现在也不赞同。昨天的文章我今天可能就不喜欢了。我很高兴知道你对这个话题的看法。下次，如果你来我们这里，一定要来找我，我们可以就这个话题深入探讨一下。来自远方的问候！
>
> 你诚挚的
> 阿尔伯特·哈伯德

如果一个人这样对待你,你还能说些什么呢?

如果你是对的,请以委婉温和的方式赢得他人的认同;如果你错了——对自己坦诚一点,你会发现这种情况多得让你吃惊——果断且真诚地承认错误。这会给你带来意想不到的好处。不管你信不信,主动承认错误比努力为自己辩解好得多。

请记住这句古老的谚语:"你绝不会因争吵而得到太多,只有让步,才会得到意料之外的收获。"

- 原则 3:

主动真诚地承认错误,退一步海阔天空。

4. 温和友善，宽以待人

生气发脾气，怒斥别人，你是宣泄了怒气，心情舒畅了，但对方呢？对方能感受到你的快乐吗？你挑衅的语气和仇视的态度说服对方了吗？

"如果你对我握拳，"伍德罗·威尔逊说，"我保证，我也一定会握紧双拳。如果你对我说'我们坐下来好好谈谈，如果我们想法不同，可以先弄清楚原因，找出争论的焦点'，也许很快，我们就会发现，我们有很多共通之处，分歧很少。如果我们有耐心，坦诚相待，我们一定会成为朋友。"

如果一个人心中充满了对你的愤怒和恶意，再强大的逻辑也无法说服他接受你的观点。不管是爱骂人的父母、霸道的老板，还是爱吵架的配偶，都应该知道，没人愿意改变自己的想法。你无法强迫他人同意你的看法。但如果我们能态度友善地加以引导，他们可能会改变想法。

100多年前，林肯曾说过：

古语有云，一滴蜂蜜比一加仑胆汁捕获的苍蝇要多得多。人类亦是如此。如果你想让一个人支持你，你首先要让他知道，你是他真诚的朋友。而这就是赢得他心的一滴蜂蜜。没错，这才是说服对方的最佳途径。

经验丰富的企业高管们都清楚，对待罢工的工人要温和友善，这样才能解决问题。怀特汽车公司2500名工人罢工，要求增加工资和组建工会。面对这种情况，当时公司的董事长罗伯特·布莱克没有大发雷霆，或斥责、威胁罢工工人。相反，他公开称赞了他们，并在克利夫兰当地报纸上刊登告示，称赞罢工者采用了"和平式罢工"。他发现罢工纠察队无事可干，就给他们买了棒球棒和手套，邀请他们打球，还为喜欢保龄球的工人租场地。

布莱克先生的友善收到了意想不到的结果：罢工者借来了扫帚、铁锹和垃圾车，开始清理工厂周围的火柴、废纸、烟头和雪茄头。很难想象吧，罢工工人一边维护工厂卫生环境，一边罢工要求加工资和组建工会。在美国漫长而又激烈的劳工斗争史上，这样的场面前所未见。一周之内，这场罢工通过和平协商方式解决，没有人不满和愤愤不平。

丹尼尔·韦伯斯特是美国有史以来最成功的辩护律师之一。他举止温和、待人谦虚，即使在法庭上辩护陷入激战时，他也一副绅士派头："请陪审团仔细斟酌。""这一点也许值得考虑。""我相信您不会无视这些事实。""以您对人性的了解，很容易看清这些事代表了什么。"没有恐吓，也不会采用高压手段，韦伯斯特从不会把自己的意见强加于人。韦伯斯特温和、友好、冷静，这让他声名远扬。

你可能没有机会解决罢工问题或出庭辩护，但你可能想要减少房租，那么友好的方式对你有帮助吗？我们一起来看一个例子。

斯特劳布是一名工程师，他想请房东给他减房租，但他知道他的房东是个铁石心肠的人。斯特劳布在一次课前演讲中分享了他的经历：

> 我给房东写了封信，通知他，租约一到期，我就搬出去。事实是，我不想搬家。如果房租少一些，我还想继续住下去。但希望渺茫，因为其他租户都试过请房东减房租，都失败了。所有人都和我说，这个房东很难沟通。但我对自己说："我正在学习如何与人相处，恰好可以在房东身上试试，看看效果如何。"
>
> 一收到我的信，他就带着秘书来找我。我非常热情地请他们进来，并友善地问好。我并没有抱怨房租太贵，而是和他讲我多么多么喜欢他的公寓。相信我，当时，我真的是由衷地赞赏，丝毫不吝赞美之词。我称赞他把公寓管理得很好，并告诉他，如果不是因为我负担不起，我真的特别想再住一年。
>
> 显然，从来没有房客这么热情地款待他，他似乎有些不知所措。
>
> 后来，他开始和我倾诉他的烦恼，抱怨那些房客。有一

个房客甚至给他写了 14 封信骂他。还有人威胁他，如果他不阻止楼上的人打呼噜，自己就立刻毁约搬走。"如果客户都像您这样通情达理，该多么省心啊。"他感叹道。最后，我甚至都没有提减房租的事，他就主动减免了一部分。我希望能够再减一些，说出了我能够负担的数字，他二话没说就同意了。

告辞时，他还回过头来问我房子里还需添置什么。

如果我和其他租户采用同样的方法，让房东减房租，我确信我会和他们一样被拒绝。而友好、体谅、感激的态度使我最终获得了胜利，让房东减了房租。

迪安·伍德科克来自宾夕法尼亚州匹兹堡市，是当地一家电力公司的部门主管。他部门的员工被派去修理电线杆顶上的设备。该工作以前由另一个部门负责，最近才转到伍德科克的部门。虽然部门员工都接受过培训，但因为是第一次正式进行抢修作业，所以每个人都想看看具体操作情况。伍德科克先生带领几个手下的经理和一些部门员工一起去了现场。两名员工在电线杆顶部维修，下面站满了围观的人，周围还停了很多辆汽车和卡车。

伍德科克环顾四周时，恰好看到一个男人拿着相机从车里出来，开始拍摄现场照片。公共事业公司的人都非常重视公共关系，伍德科克很清楚，两个人干活几十个人围观的场景在这个男人眼中代表了什么，于是他向这个摄影的人走去。

"我发现，你对我们的现场抢修工作很感兴趣。"

"是的。但我妈妈可能更感兴趣。因为她买了你们公司的股票。这个场景一定会让她大开眼界。看到这个，她一定会明白自己的投资是多么愚蠢。多年来，我一直告诉他，你们这样的公司机构组织臃肿、资源浪费严重，不值得投资。这些照片就是证据。报纸肯定也会对这些照片感兴趣的。"

"看起来很像，对吧？换作是我也会这么想。但今天的情况比较特殊……"伍德科克先生继续解释，这是他们部门第一次实操这项作业，上至主管下至员工，每个人都非常重视。他向这个人保证，平时这项工作只要两个人就可以完成。这个男人收起了相机，握了握伍德科克的手，感谢他愿意花时间向他解释情况。

迪安·伍德科克的友好态度成功挽救了公司的名声，避免公司陷入尴尬境地。

班上另外一名学员杰拉尔德·韦恩来自新罕布什尔州利特尔顿。他在课上分享了在一次损害索赔中，如何通过友好的方法获得令人满意的结果。

> 初春的时候，地面还没有解冻，就下了一场特大暴雨，原本应该流入附近沟渠和排水沟里的水，改道流到了我家刚建的新房附近。
>
> 水流不出去，新房地基被淹，水渗入地下，导致地下室混凝土地板破裂，地下室里到处都是水，炉子和热水器都被水泡坏了。因为没有买房屋保险，我维修房屋花了两千多美金。
>
> 但我很快发现，我家房子附近积水是由于小区负责人疏

忽，没有在我家房子附近挖排水沟导致的。我决定找他谈谈。我家距离他的办公室25英里，在去的路上，我一直在思考这件事，这时我想起了在培训课上学到的原则，于是告诉自己，愤怒不能解决任何问题。到达他的办公室后，我非常冷静，先和对方聊起了他最近去西印度群岛度假的事情，然后找到一个恰当时机，提到了雨水损害的"小"问题。他很快表明他会负责，一定尽快解决问题。

几天后，他打电话给我，说会赔偿所有损失，并修建排水沟，以防今后发生同样的事情。

即使这的确是小区负责人的错，但如果我和他交涉时态度粗暴，那么让他承担责任并赔偿，可能就会变得很困难。

多年前，我还是一个小男孩，每天光着脚穿过森林，去密苏里州西北部的一所乡村学校读书。那时我读到了一个关于太阳和风的寓言。太阳和风就谁更强大争吵起来。风说："我更强大。我可以证明。看到那边那个穿外套的老人了吗？我打赌我能比你更快地让他脱下外套。"于是，太阳躲到云后面，风开始使劲儿刮，几乎要变成龙卷风一样了，但风刮得越厉害，老人就把外套抓得越紧。最后，风平息下来，选择放弃。太阳从云层后面露出来，温柔地对老人微笑。不一会儿，老人擦了擦额头的汗水，脱下了外套。于是太阳对风说，温和友善永远比愤怒和武力更强大。

在日常生活中，温和友善的好处更是比比皆是。马里兰州卢瑟维尔的盖尔·康纳的故事就是一个很好的证明。他买了一辆新车,这车总是出问题,四个月内送去维修了三次。他在课上说:"很明显,和售后服务部经理沟通,不管是摆事实讲道理,还是对他发火,大喊大叫,都无济于事。

"我走到展示厅,要求见代理商的老板怀特先生。等了一会儿后,我被请进了怀特先生的办公室。我简单做了自我介绍,并向他解释,我之所以从他们这里买车,是因为朋友介绍。朋友曾在他们这儿买车,说他们价格合理,服务周到。怀特先生听我这样说,满意地笑了。然后,我解释了我在售后服务部门遇到的问题。'我想你不希望出现任何损害公司声誉的事情发生。'我补充说。他感谢我让他注意到这一点,并向我保证会尽快解决我的问题。他不仅亲自处理这件事,还把他的车借给我,让我在车辆维修期间使用。"

公元前600多年,克里萨斯王宫廷里,希腊奴隶伊索创作了不朽的寓言。他所传播的关于人性的真理,在当下一样适用,就像在26个世纪前的雅典一样。太阳比风能让你更快脱下外套。温和友善的称赞比斥责和威胁更容易让人改变主意。

请记住这句箴言:"一滴蜂蜜比一加仑胆汁捕获的苍蝇要多得多。"

- 原则 4:

温和友善,宽以待人。

5. 循循善诱，反复强调双方共同的目标，让对方说"是"

在与人交谈时，不要一开始就讨论你们的分歧。先强调——而且要一直强调——你赞同的事情。如果可能的话，要让对方明白，你们都在为了同一个目标而努力，你们之间的唯一分歧是方法，而不是目的。

一开始就努力让对方说"是"，如果可能的话，不要让对方有机会说"不"。

根据哈里·奥弗斯特里特教授的说法，"不"是最难逾越的障碍，一旦你说了"不"，你所有的骄傲和自尊都要求你坚持己见。即使你随即意识到"不"的回答欠考虑，但你也不会承认，因为你的自尊心不允许。一旦话说出口，你就会想要坚持到底。因此与人沟通时，开始就表示赞同他人观点最重要。

有技巧的演讲者一开始就会收获很多"是"的回答，从心理上引导听众，使其最终赞同自己的观点。这和打台球很像。同一个方向，让球偏转很容易，但要逆向，让球改变方向，那难度可想而知。

这种心理模式很明显。当人们说"不"时，他远不止说了一个字儿那么简单。整个机体——腺体、神经、肌肉——都紧绷起来，呈现一种拒绝状态。如果仔细观察，虽然也可能发现身体出现细微而短暂的松动，但总体而言，此时整个神经、肌肉系统都处于防御状态。相反，当一个人说"是"时，这种排斥反应就不会出现。生物体处于一种前进的、易接受的开放状态。因此，如果我们一开始就能让听众多多说"是"，那么让对方赞同我们的观点也就很容易了。

让对方说"是"的方法很简单，却总是被人忽视。人们似乎习惯在一开始就挑衅别人，以此来彰显自己的重要性。

如果学生、顾客、孩子、丈夫或妻子在一开始就回答"不"，要把这些恼人的否定转化为赞同，你需要非凡的智慧和耐心。

詹姆斯·埃伯森是纽约市格林威治储蓄银行的出纳，他正是运用让对方说"是"的技巧，挽回了一位潜在客户。

这个人想要开户，我给了他一张制式表格请他填写。有些问题他很乐意回答，但有些问题他断然拒绝回答。

如果没有参加人际关系培训课程，我可能会告诉这位客户，如果他拒绝向银行提供这些信息，我们无法为他开户。现在想想，我为自己过去那样做感到羞愧。那样最后通牒式的告知会让我感觉很爽，明白告诉他，这里我说了算，银行的规章制度不容藐视。但很显然，这样的态度很可能让这位客户觉得自己不受欢迎，没有得到重视。

于是那天早上，我决定用一点简单的技巧。我决定不提银行的要求,而是谈客户的需求。最重要的是,我想让他从一开始就说"是,是",所以我表示了赞同,并告诉他,他没有提供的信息的确不是必需的。

"不过,"我说,"一旦发生意外,如果在本行有存款,您一定希望我们能够将其转给您的家属,对吧?根据法律,他们有权得到它。"

"当然。"他回答道。

"那您不觉得,"我接着说,"把您家属的名字告诉我们更好一些吗?一旦出现意外情况,我们就可以准确无误地把钱转给您的家属了。"

"没错。"他再次答道。

当这个年轻人意识到填写这些信息是为了他好,而不是为了银行考虑时,他态度软化,改变了主意。在离开银行之前,这位年轻人不仅留下完整的个人信息,还在我的建议下,开了一个信托账户,指定他母亲为受益人,毫不犹豫地提供了他母亲的相关信息。

我发现,让他从一开始就说"是",有助于消除他的疑虑,也让他乐于接受我的建议。

约瑟夫·艾利森是西屋电气公司销售员,他对此感触颇深,多年来一直说"不"让他遭受了很多挫折,开始说"是"之后,转机立刻出现。他在课上和我们分享了他的故事。

在我负责的辖区内,有一个人,我们公司一直希望能够将其发展成我们的客户。我的前任花了 10 年，毫无结果。我接手这个区域后，努力了 3 年，也一个订单都没拿到。经过 13 年无数次的电话沟通和拜访，他终于买了几台我们的发动机。这给了我希望，接下来，如果没问题的话，我觉得再卖个几百单不成问题。

"应该没问题的，对吧？" 3 个星期后，我打电话询问后续事项。我非常自信可以拿到订单，但事实狠狠打了我的脸。

那家公司的总工程师对我说："艾利森，我不能再从你们公司订货了。"当时我就愣住了。

"为什么？"我震惊地问道，"到底为什么？"

"你们的发动机太热了，摸着都烫手。"

我很清楚，争论毫无意义，我太清楚后果了。于是我想到了"是"的技巧。

"您看，史密斯先生，"我说，"我百分之百地同意您的说法。如果发动机运转时温度过高，的确不应该再购买了。根据你们的要求，发动机运行温度必须符合国家电气制造商协会设定的标准，对吗？"

他表示同意。我获得了第一个"是"。

然后我说："根据国家电气制造商协会的规定，只要发动机运行温度高出室温 72 华氏度（约 22 摄氏度）以内，就是符合标准的，对吗？"

"没错，"他再次表示赞同，"你说的没错，但你们的发动机比这个温度高。"

我没有和他争论，只是问："厂房温度多高？"

"嗯，"他说，"大概75华氏度（约24摄氏度）。"

"好了，"我回答说，"如果车间的温度是75华氏度，再加上规定的72华氏度，那么总计147华氏度（约64摄氏度）。手放在147华氏度的热水中，一定会烫伤，对吧？"

他不得不再次赞同。

"那么，"我建议说，"最好还是不要用手测试温度了，您觉得呢？"

"嗯，我想你是对的。"他承认道。我们聊了一会后，他打电话给秘书，在我们公司下了一笔价值约3.5万美元的订单。

我浪费了数年时间，错失了数万美元的生意，才最终明白，争辩毫无意义。从别人的角度出发看问题，努力让对方说"是"，让我收获更多，也更有趣。

埃迪·斯诺来自加州奥克兰，是我们的一名培训讲师。他和我们分享了他的故事——一位店主如何利用说"是"的技巧，让他成为该店忠实顾客。埃迪对弓箭狩猎产生了兴趣，花了大笔钱从当地的弓箭商店购买了很多装备和用品。当他哥哥来看他时，埃迪想从这家商店为他哥哥租一把弓。销售人员却说他们只卖不租，于是埃迪只好打电话联系另一家店。埃迪描述了当时的情况：

一位先生接了我电话，听声音非常和蔼可亲。对于我想租一把弓的询问，他的回答和那家店完全不同。他先是抱歉不能租弓给我，然后解释他们不办理这项业务，是因为负担不起，损耗太大了。然后询问我以前是不是租过。我说："是的，几年前租过。"他提醒我，那时租一把弓是25—30美元。我再次说"是的"。他又问我是不是想省点钱。我肯定地回答"是的"。他接着解释说，他们店里有一种弓箭套装，设备齐全，售价只有34.95美元。和租相比，我只需多花4.95美元就可以买一整套。也正是因为这个原因，他们不再做弓箭租赁业务。他说的合理吗？当然，在我看来非常合理。于是，我连串的"是"不仅让我购买了这一整套弓箭，取货时，我又在这家店买了其他几件东西。从那以后，我就成了这家店的常客。

苏格拉底是世界上最伟大的哲学家之一，自誉为"雅典的牛虻"。苏格拉底对人类的贡献无人能及，他彻底改变了人类的思想进程。时至今日，他已经去世2400多年，但他依然是人们心目中最具影响力、最令人信服的思想家。

他为什么令人信服？他会指出他人的错误吗？睿智如苏格拉底，怎么会那么做。苏格拉底创造了一套独特的方法，人们称之为"苏格拉底教学法"，该方法正是以让别人回答"是"为基础的。他利用提问的方式，巧妙设题，引导对方不得不回答"是"。一个又一个问题，接连得到肯定答复，收获无数个"是"，最终，在不知不觉中，对方心甘情愿给出了苏格拉底想要的答案。

下次，当你想要反驳别人、指出他的错误时，想想"苏格拉底教学法"，态度温和地问一些简单的问题——一些答案为"是"

的问题。

中国 5000 年的历史和文化,包含无穷智慧。在中国,有这样一句话:轻履者行远。这句话蕴藏着古老的东方智慧。

> · 原则 5:
> **循循善诱,反复强调双方共同的目标,让对方说"是"。**

6. 不要向他人吹嘘自己的成功，以免招致嫉妒与怨恨

　　有些人总喜欢高谈阔论，说个没完没了，希望以此说服他人。与其这样，不如给他们一些时间，让他们表达他们的想法。他们比你更了解自己的生意和问题。所以多向他人提问，让他们告诉你答案。

　　听到不同的想法时，你可能忍不住想要打断，但请不要这样做，这样做很危险。当他们还有很多话想说的时候，不管你说什么，他们都不会理你的。所以敞开心扉，真诚耐心地听他们说完，鼓励他们充分表达自己的想法。

　　这个方法在商界适用吗？我们一起来看看下面的故事。这个销售员在迫不得已的情况下，尝试了这个方法。

　　几年前，美国最大的汽车制造商正在为第二年汽车内饰面料挑选供应商。三家影响很大的生产商提供了样品。汽车公司的主管仔细检查样品后，通知三家生产商各派一名代表做最后的竞标陈述。

　　竞标当日，其中一家公司的代表 R 先生抵达后不幸患上了

喉炎。"会上，轮到我进会议室向汽车公司高管陈述时，"R先生说，"我失声了，几乎说不出话来。我被带进会议室，对面是纺织工程师、采购代理、销售总监和公司董事长。我站在他们面前，努力张嘴说话，但除了'啊啊'的声音，什么也说不出来。

"所有人都围坐在桌旁，等我发言。我只好在一张便签纸上写道：'先生们，我失声了。说不出来话了。'

"'我来替你讲吧。'汽车公司董事长说。他替我做了陈述，展示了我们的样品，并列举了产品的优点。随后，大家就我们的产品优点展开了热烈的讨论。因为董事长代替我发言，因此一直站在我的立场和大家讨论。我唯一的能做的就是微笑、点头和做出几个手势。

"这次特殊会议的结果就是，我拿到了合同。该合同涉及50万码（1码≈0.914米）的车内装饰织物，总价值达160万美元，这是我签过的最大的一笔订单。

"我知道，如果我没有失声，我可能得不到这笔订单。因为我此前对这次陈述中自己的立场有误解。但是通过这次意外，我明白了让别人说话是多么重要。"

费城电力公司的约瑟夫·韦布也有同样的感悟。在他那个年代，电还是新鲜事物，在农村地区更是一种奢侈品。韦布当时正在宾夕法尼亚州比较富裕的农村考察，该地农民多为美国德裔。

"这家人为什么不用电？"经过一个经营不错的农场时，他问地区代表。

"别提了，我向他们销售过，他们不买，"地区代表厌恶地回答,"而且他们对公司很不满。我试过很多次,根本没用。"

地区代表说的也许没错,但韦布还是想再试试,所以敲响了这家农场主的房门。门开了一条窄缝,德鲁肯布罗德太太站在门缝里,看着韦布。韦布先生回忆说:

一看是公司的代表,老太太当着我们的面,使劲关上了门。我又敲了敲门,德鲁肯布罗德太太最终打开了门,说不喜欢我们公司,让我们不要来打扰她。

我很喜欢农村鸡蛋,看到她院子里养的鸡,我想买一些带回家,想必我的妻子也会很高兴的。于是我说:"德鲁肯布罗德太太,我知道您对我们的服务不满意,不想从我们公司购电,很抱歉给您添麻烦了。我只是想买些鸡蛋。"

这次她把门缝开大了一些,站在里面看着我们,满脸的不信任。

"我看到您院子里养了一大群多米尼克鸡,"我继续说道,"我想买些新鲜鸡蛋。"

门开得更大了一些。"你怎么知道我的母鸡是多米尼克品种的?"她惊讶地问道。

"我家也养了一些鸡,"我回答道,"不得不说,我从没见过有人把多米尼克鸡养得这么好!"

"你自己养鸡,怎么还买鸡蛋?"她怀疑地问道。

"我养的是来克亨鸡,下白皮蛋。亲自烹饪过的人都知道,做蛋糕时,白皮鸡蛋和红皮鸡蛋没法比。我妻子就很擅长做蛋糕,手艺堪称一绝。"

听我这么说，德鲁肯布罗德太太谨慎地走出门，态度温和了许多。这时，我环顾四周，发现农场里还有一个很不错的奶牛场。

"德鲁肯布罗德太太，"我继续说，"我敢打赌，你养鸡赚的钱一定比你丈夫经营奶牛场赚的多。"

显然，她听了非常开心，彻底走出房门，想和我说说。她很郁闷，她丈夫那个死脑筋，根本不承认她比他能干。

她邀请我们参观她的鸡舍。参观中，我注意到她做了各种各样的小玩意儿，我由衷地赞赏她，不吝任何赞美之词。我们度过了一段美好时光，我向她推荐某个品牌的饲料和适宜温度，也请教了她一些问题，交换了很多养鸡经验。

过了一会儿，她说她的一些邻居在鸡舍里装了电灯，都说效果很好。她想让我诚实地告诉她是否真的有用。

两周后，德鲁肯布罗德太太家的鸡舍安装了电灯，多米尼克鸡获得了充足光照后，心情愉悦，能够产更多的蛋。我完成了订单，老太太得到了更多鸡蛋。我们都很满意——双赢。

但这里必须要强调的一点是，如果我一开始没有赢得这位德裔宾州老太太的信任，也就不可能让她购电了。

不能强迫他人购买，顺势而为为上策。

给对方表达自我的机会，不仅对生意有益，在处理家庭关系上，同样有帮助。芭芭拉·威尔逊和女儿劳里的关系最近迅速恶化。劳里原本是一个安静略带傲气的小姑娘，但现在却变得叛逆不听话。威尔逊太太尝试和她讲道理，完全不管用，甚至威胁、惩罚她，但都无济于事。威尔逊夫人在课上分享时说：

> 终于有一天，我决定不管她了。那天，她又不听话，家务没做完就跑去找她的朋友了。当她回来的时候，我原本想好好训斥她一顿，但突然间就心灰意冷，提不起劲儿，我看着她，伤心地问："为什么，劳里，到底是为什么？"
>
> 劳里注意到我的状况，一脸平静地问："你真的想知道吗？"我点了点头。劳里一开始还有些犹豫，随后就把憋在心里的话都说了出来。她说我从来没有耐心听她说话，我总是让她做这做那。当她想告诉我她的想法和感受时，我总是打断她，只知道命令她听话。我总是否定她的一切，给她下最后通牒。我突然意识到她非常需要我——不是作为一个专横的母亲，而是一个知心好友，一个能够听她倾诉成长中困惑的朋友。而我做了什么？在她需要倾听的时候，不停地指责她。我从未认真倾听过她说话。
>
> 从那时起，我告诉她可以和我尽情倾诉她的想法，每一次我都会认真倾听。我们的关系有了很大改善，她再次变回从前那个懂事的女孩了。

纽约一家报纸的财经版刊登了一则巨幅广告，招聘一位能力非凡、经验丰富的人才。查尔斯·库贝里斯看到这则广告，有意应聘，于是递交了自己的简历。几天后，他收到了公司的面试信。在面试前，他来到华尔街，花了好几个小时了解这家公司创始人的信息。在面试中，库贝里斯先生说："贵公司声名远播，我很荣幸有机会来此面试。我听说，28 年前，您只有一张办公桌和一位速记员，就创办了公司，是真的吗？"

几乎每一位成功人士都喜欢回忆他们早年的奋斗经历，这位总裁也不例外。他滔滔不绝讲了很长时间，讲述自己如何用 450 美元现金和一个原创想法白手起家；如何在各方的讥讽和嘲笑中艰难奋斗；如何不辞辛苦，即使节假日也每天工作 12—16 个小时；如何克服重重困难，最终取得成功。现在，华尔街上很多知名高管都希望得到他的指导。他为自己感到骄傲，这是他应得的，的确值得骄傲。最后，他简单地询问了库贝里斯的经历，然后叫来了公司的一位副总裁，说："我觉得这就是我们要找的人。"

库贝里斯先生费尽心思了解未来雇主的成就，并在面试时对对方和其过往表现出极大兴趣。他鼓励对方多说话，最终给对方留下了好印象。

事实上，即使是好朋友，也更愿意谈论他们自己的成就，而不是听我们吹嘘我们的成功。

法国哲学家拉罗什富科说过："如果你想树敌，就超越你的朋友；但如果你想交朋友，就让你的朋友胜过你。"

为什么？因为当朋友胜过我们时，他们会觉得自己很重要；但当我们超越他们，向他们吹嘘我们的成功时，很可能会引起他们的嫉妒甚至怨恨。

所以，谦虚一些，不要和朋友显摆你的成就，减少优越感，这样会更容易交到朋友。

人生苦短，你没必要拿自己的成就去搅扰别人，相反，鼓励对方多说话。记住：

> • 原则6：
> **不要向他人吹嘘自己的成功，以免招致嫉妒与怨恨。**

7. 提出建议进行引导，让对方觉得好主意是他自己想到的

比起别人提供的信息，我们都更相信自己获得的信息，不是吗？既然这样，为什么还要把我们的想法强加给他人呢？提出建议，引导对方自行思考得出结论才是更明智的方法吧？

阿道夫·塞尔茨是费城一家汽车展厅的销售经理，也是我培训课的学生。他发现展厅的销售人员最近意志消沉、工作效率低下，感觉非常有必要给大家鼓鼓劲，唤起他们的工作激情。于是他召开会议，鼓励销售人员说出他们的期望。在大家发言时，他在黑板上记录了大家的要求。然后他说："我会尽我所能满足大家的要求，现在，希望你们告诉我，我能从你们身上得到什么。"他们很快给出了答案：忠诚、正直、积极、乐观、团队合作、每天精神饱满工作 8 小时。会议结束后，每位销售员都激情满满，充满了干劲，甚至一位销售主动要求每天工作 14 小时。塞尔茨先生告诉我，那次会议后，销售额有了显著增长。

"我们做了一场道德交易，"塞尔茨先生说，"只要我满足他们的期望，他们就会实现我的期望。让他们说出自己的期待和渴

望，如同给他们打了一针强心剂。"

买东西也好，做事也好，没人喜欢被强迫。每个人都喜欢按自己的意愿生活。人人都希望自己的愿望、想法和需求得到重视。

一起看看尤金·韦森的经历。在明白这个道理之前，他错失了数万美元的佣金。他主要负责把工作室设计的图卖给服装设计师和纺织品公司。每周他会去纽约拜访一位顶级服装设计师，一周一次，坚持了整整三年。"他从不拒绝见我，"韦森先生说，"但没向我买过一张图纸。每次，他都非常仔细查看我带去的草图，然后告诉我说：'抱歉，韦森，今天的依然不是我想要的。'"

在经历了150次失败后，韦森意识到自己陷入一种思维定式，于是他决心每周用一个晚上来上课，学习如何影响他人行为，以帮助自己拓展思路，激发热情。

通过学习，他明白了关注他人想法的重要性，这让他找到了方法。他十分兴奋，带着六幅未完成的草图，冲进了那位设计师的办公室。"如果您愿意，我想请您帮我一个小忙，"他说，"这是一些未完成的草图。您能不能告诉我，您觉得这些草图接下来需要如何设计才适合您？"

这位设计师看着这些草图，好久未说话。最后他说："韦森，先把这些草图放在我这里，几天后你再来找我。"

三天后，韦森再次来到他的办公室，听取了他的建议，然后把草图带回画室，按照他的需求完成。结果如何呢？他全买了。

之后，这位设计师又向韦森订购了几十幅草图，都是根据他的意见画的。韦森说："我终于明白为什么这么多年我一幅都没卖出去了。我一直在要求他买我认为他应该买的东西。现在，我彻底改变了思路，积极询问他的想法和需求，这让他觉得是他设计了这些草图。事实也的确如此。这样，无须我费劲推销，他自己就主动买了。"

西奥多·罗斯福担任纽约州州长时，他最伟大的壮举就是，在诸多政界大佬的反对下，强行推行改革，并且和他们保持着良好的关系。

他是如何做到的呢？

当出现重要职位空缺时，他就请各位大佬推荐人选。

一开始，他们会推荐一个无能的政客，干点什么都需要别人"帮忙"。我会提醒他们，任命这样的人不仅耽误事，民众也不会同意的。

然后他们就会给我另一个人的名字，一般情况下，这就是一个每天按部就班、平平庸庸、无功无过的一个人。我会告诉他们，这个人同样达不到公众的期望，于是，我请各位政要再考虑一下，是否能够找到更合适的人选。

第三次他们会举荐一个不错但谈不上优秀的人。

然后我会对他们表示感谢，请他们再推荐一个。这一次，他们推荐的人选就会是我想要的那类人了，我当然会采纳他们的建议。为了感谢他们的帮助，我将任命这个人——我会把这个功劳归到他们身上……最后，我会告诉他们，我满足了他们的期望，任命了他们提出的人选，现在，也该听听我的想法了。

罗斯福达到了自己目的。在各位政要的支持下,《公务员条例法案》和《特许经营税法案》等改革法案顺利实施。

请注意,罗斯福认真询问大家的意见,并尊重对方提出的想法。在对重要职位进行任命时,经过他的引导,各位政要都觉得这个人是他们选的,是由他们决定的。

一位X光设备制造商运用了同样的策略,成功将他的设备卖给了布鲁克林最大的一家医院。这家医院正在扩建,并准备配备美国最好的X光设备。放射科负责人L医生每天都要见多位销售代表,听他们称赞自己的设备,这让他不堪其扰。

但有一位销售代表与众不同,采用非常巧妙的办法获得了订单。他比其他人更懂人性。他给L医生写了一封信,内容大概是这样的:

> 我们工厂最近研发了一套新的X光设备,第一批设备刚刚生产出来。我们知道这些设备并不完美,因此我们想要进一步完善。如果您能抽时间帮忙测试一下新设备,提供一些专业意见,使机器更好地满足你们医院的要求,我们将不胜感激。我知道您工作繁忙,如果您愿意,在您方便时,我们可以专程派车接您莅临指导。

L医生做何感想呢?以下是他在课前的叙述。

> 收到那封信我很惊讶,虽然很吃惊,但也很高兴。以前从来没有X光设备制造商询问过我的意见。这让我觉得自

己受到了重视。那个星期，我每天晚上都很忙，但为了检查设备，我推掉了一个晚餐约会。我测试得越多，就越喜欢他们的设备。

没有人向我推销，我觉得我之所以购买完全是我自己的决定。是设备的优良品质说服了我，我才决定购买安装的。

拉尔夫·沃尔多·爱默生在《论自助》中说："在每一部伟大的作品中，我们都能看到一些被自己遗忘的观点，这些观点，会带着不可侵犯的威严回到我们的生活中。"

爱德华·豪斯上校在美国政坛和国际社会中都有着巨大的影响力。伍德罗·威尔逊入主白宫期间，私下里经常向豪斯上校征询意见，对其依赖程度甚至超过了他的内阁成员。

为什么总统愿意听取豪斯上校的建议？我们有幸了解到了原因。豪斯上校亲自向阿瑟·豪登·史密斯透露了这一点。后来史密斯在《星期六晚邮报》的一篇文章中引用了豪斯的话：

在我了解总统之后，我发现，让他接受建议的最好方法就是，不经意地提出一个想法，引起他的兴趣。第一次成功是个意外。我到白宫拜访他，力劝他通过一项政策，但他似乎不赞成。但几天后，在一次晚宴上，我惊讶地听到他把我的建议当作他自己的想法说出来。

豪斯上校是否当场打断总统，质问他："那不是你的想法，是我的想法。"当然没有。如果这样做，那就不是豪斯上校了。相反他很开心，他并不在乎那点儿功劳，他要的是结果。所以他默认这个想法是威尔逊的，甚至公开称赞总统的这个想法。

请记住，我们接触的每一个人都和伍德罗·威尔逊没什么不同。豪斯上校的方法适用于每个人。

在美丽的加拿大新不伦瑞克省，有个人利用这一方法，让我光顾了他的生意。我当时正计划去新不伦瑞克钓鱼、划船，因此我给当地旅游局写了一封信，询问相关信息。很显然，我的名字和地址被推给了各人旅行社和露营地，大量信件、小册子和宣传册蜂拥而至，弄得我都不知道该如何选择。然而其中一个营地的信件引起了我的注意力。在给我的信中，他们推荐了几位来自纽约的客人的联系方式，说他们曾在该营地住过，建议我打电话问问他们，亲自了解一下他们的感受。

我惊奇地发现名单上的一个人，我竟然认识。于是我给他打了电话，了解了他的经历，然后给营地打了电报，告诉对方我到达的日期。

当其他人想方设法说服我接受他们的服务时，这个营地让我自己寻找答案，说服我自己，从而获得了这笔生意。

2500 年前，中国圣贤老子曾说过一段话，时至今日，我们依然受益无穷：

> 江海之所以能为百谷王者，以其善下之，故能为百谷王。是以圣人欲上民，必以言下之；欲先民，必以身后之。

是以圣人处上而民不重，处前而民不害。是以天下乐推而不厌。以其不争，故天下莫能与之争。

• 原则 7：
提出建议进行引导，让对方觉得好主意是他自己想到的。

8. 换位思考，站在对方的角度考虑问题

有人可能犯了错，而且大错特错，但他自己不会承认。不要谴责他，只有愚蠢的人才会那样做。试着去理解他，聪明睿智、心胸宽广的杰出人士都是这么做的。

人的想法和行为都是有迹可循的。找出背后的动机就掌握了他们行为的关键，由此也就可以推断他们的脾气秉性。

设身处地地站在对方的角度思考问题。

问问自己："如果我是他，我会怎么想，我会怎么做？"了解事情的起因，我们对结果就不会那么排斥。这样不仅节省了时间，也省去了烦恼，同时，也有助于提升人际交往能力。

肯尼斯·古德在其著作《如何点人成金》一书中写道：

停下来比较一下，你会发现，人基本上只对自己的事情感兴趣，而对他人的事情兴致索然。要知道，世人差不多都是如此。明白了这一点，你就和林肯、罗斯福一样，抓住了人际关系的核心，掌握为人处世的密钥，即理解他人想法。

萨姆·道格拉斯和他的妻子琼住在纽约的亨普斯特德。他觉得琼在自家草坪浪费了太多时间。据他说，琼每天都在除草、施肥、修剪草坪，但事实上草坪看起来和他们四年前刚搬来时没什么不同。为此他总是嘲笑指责琼白费力气。

对他的批评，琼什么反应？正如你我所想，每次他指责后，两人都会大吵一架，然后这一天都毁了。

他们经常因此吵架，直到有一天，萨姆开始思考，他的妻子为什么要把时间浪费在这种无用的劳动上。他突然意识到，也许她从未想过把草坪弄得多么好，她只是享受这种劳作，这是她的一种放松方式。他此时也意识到，琼肯定很希望听到自己称赞她的劳动。想想自己一直以来的抱怨和指责，他从没觉得自己这么蠢，他发誓要做出改变。

机会来了。一天晚上，琼说她要出去除草，希望萨姆能陪她一起去。一开始，萨姆想拒绝的。但转念一想，这是一个机会，可以弥补自己过去的愚蠢。于是他答应和琼一起出去除草。琼非常开心，他们一边干活，一边聊天，一个小时很快就过去了。萨姆也很高兴能上忙。

从那以后，萨姆经常和妻子一起做园艺，也常常夸奖琼，称赞她的辛勤劳作，赞美她的心灵手巧，让原本光秃秃的庭院绿意盎然。

也正是从那个晚上开始，萨姆和琼的关系变得越来越亲密，草坪在他眼中变得越来越美丽。更重要的是，萨姆学会了站在他人的立场思考问题。

杰拉尔德·尼伦伯格博士在其著作《与人沟通》中写道：

要想沟通顺畅，你需要把对方的想法和感受与自己的一视同仁，同等重视。谈话开始时，先和对方明确谈话目的和方向。说之前先想想，如果你是倾听者，你想听对方说什么。要想让对方敞开胸怀，接纳自己的想法，首先你得认可对方的观点。

站在他人角度看问题同样有助于解决个人难题，缓解紧张情绪。伊丽莎白·诺瓦克来自澳大利亚新南威尔士州，她拖欠了6周的汽车贷款，为此很焦虑。"星期五，"她说，"我接到了负责我车贷的工作人员的电话，他警告我说，如果下周一前还不上122美元欠款，他们公司就会采取进一步行动。我一个周末根本筹不齐钱，所以周一早上我再次接到他的电话时，我做了最坏的打算。站在他的立场，我可以理解他的做法，所以我并不怪他。我先向他表达了真挚的歉意，抱歉给他带来这么多不便。我一定是他最麻烦的客户，因为这已经不是我第一次拖欠贷款了。听我这么说，他的态度立刻变了，并告诉我，和其他客户相比，我还算好的。他接着给我举了好几个例子，说有的客户对他非常不礼貌，有的客户对他说谎，有的客户甚至直接拒接他的电话。我什么也没说，只是静静地听他倾诉自己的烦恼。然后，我还没有提，他就告诉我，即使不能立即支付所有的贷款也没有关系，只需在月底前支付29美元，余额在我方便的时候补上就可以了。"

下次，当你想让别人购买你的产品或为你最喜欢的慈善机构捐款之前，为什么不停下来，闭上眼睛，试着从别人的角度考虑整个事情呢？问问你自己："他为什么要做这件事？"诚然，这样做可能会浪费一些时间，却可以减少摩擦，避免树敌，你的目的也更容易达成。

哈佛商学院的迪安·多纳姆曾说过："面试前，我会先想清楚自己要说什么，了解对方的兴趣和动机，以及对方会怎么应答，然后再走进面试官办公室。否则，我宁可在外面的走廊上站两个小时，想好了再进去。"

这段话非常重要，有必要重申一遍：

> 面试前，我会先想清楚自己要说什么，了解对方的兴趣和动机，以及对方会怎么应答，然后再走进面试官办公室。否则，我宁可在外面的走廊上站两个小时，想好了再进去。

希望阅读本书后，你可以懂得"从己方出发看问题时，也需要更多地站在对方的立场看问题"。哪怕你只学会了这一点，也足以成为事业成功的基石。祝你成功。

> • 原则8：
> **换位思考，站在对方的角度考虑问题。**

9. 向对方表达同情与理解，感同身受

有没有这样一句神奇的话，它不仅能够平息争端，消除不良情绪，引发善意，还能让对方认真倾听？

有吗？当然有。那就是，我一点儿也不怪你这样想。如果我是你，我也会和你有同样的感受。

这样的回答，即使是脾气最暴躁的老家伙也会心软。事实也的确如此，这句话表达了百分百的诚意，因为如果你是他，你当然会和他有同样的感受。以阿尔·卡彭为例。如果你变成了阿尔·卡彭，拥有了他的身体，有过和他一样的生活环境和经历，那么你的性格和思维模式也会变得和他一样。他所做的一切，你都会去做，你们最后的结局很可能也不会有什么不同。因为恰恰是上述的一切造就了阿尔·卡彭这个人——一个臭名昭著的全美公敌。例如，你不是响尾蛇的唯一原因是你的父母不是响尾蛇，你不崇拜鳄鱼的唯一原因是因为你没有出生在法老时代的古埃及。西太平洋有一个岛屿，叫作雅浦岛，其地理位置偏远，如果你生活在那里，可以用一块大石头当货币购买一只山羊。

你会成为什么样的人，并不完全由你决定。因此，你应该明白，那些暴躁易怒、固执狭隘、蛮不讲理的人，也不一定是故意的。细想一下，这样的人很可怜，也很值得同情。你应该时刻提醒自己："多亏了上帝的恩典，我才逃过此劫。"

在你遇到的人中，有 3/4 的人渴望得到他人的理解。请给予理解，他们会因此喜欢上你。

我曾做过一个广播节目，介绍《小妇人》的作者路易莎·梅·奥尔科特。我知道她在马萨诸塞州的康科德生活，并写出了不朽的作品。但在广播中，当我介绍自己拜访过她的故居时，我错说成了新罕布什尔州康科德。如果我只说错一次，可能没什么，听众会原谅我。但是，我竟然说错了两次！无数批评的信件和电报蜂拥而至，尖锐的言辞彻底骂懵了我，我毫无心理准备。人们在愤怒时说的话可以想见会有多大侮辱性。一个在马萨诸塞州的康科德长大，现居费城的女士，把我骂了个狗血淋头。想必即使我把奥尔科特小姐说成是来自新几内亚的食人族，她也不可能更生气了。在看她的信时，我暗自庆幸："感谢上帝，还好我没有娶这个女人。"我真想写信告诉她，我只是说错了一个地点，但她却丧失了基本礼仪。这还只是开场白，接下来，我要卷起袖子好好和她说说。

但事实上，我并没有这样做，我克制住了自己。我意识到，只有蠢蛋才会这样做——这样的蠢蛋太多了。

我才不想成为蠢蛋呢！所以我决定想办法化敌为友。这非常具有挑战性，但我要试试。我对自己说："毕竟，如果我是她，我可能也会有和她一样的感受。"于是我决定赞同她的观点。

后来，我路过费城时，给她打了电话，我们进行了沟通，对话如下：

我：夫人您好，几周前我给您写过信。此次电话联系您，是想向您表示感谢。

她（冷漠礼貌的语气）：请问您是哪位？

我：您可能不认识我。我叫戴尔·卡内基。几周前，在广播中，我在介绍路易莎·梅·奥尔科特时，犯了一个不可原谅的错误，把她的故居错说成了新罕布什尔州的康利德。这是非常愚蠢的行为，我为此向您表达诚挚的歉意。您真是太好了，愿意花时间给我写信。

她：写了那样一封信，我也很抱歉，卡内基先生。非常抱歉，向你发脾气。

我：不，不，您不用道歉，该道歉的是我。就连小学生都不会犯这样的错误。在随后周日的广播中，我已经公开道歉了。现在，我想亲自向您道歉。

她：我出生在马萨诸塞州的康科德。几个世纪以来，我的家族在马萨诸塞州地位显赫，我为我的家乡感到自豪。听到你说奥尔科特小姐住在新罕布什尔州，我真的很难过。非常抱歉，我写了那样一封信。

我：我向您保证，我比您难过10倍。我的错误不会伤害马萨诸塞州的名声，只会有损我的名声。像您这样有地位、有学识的人，肯花时间写信给我，已经非常少见了。如果您以后发现我讲话中有错误，真心希望您能再次批评指正。

她：我非常欣赏您接受批评的态度。您真是个好人，希望有机会更多地了解您。

我真心向她道歉，并理解她的立场，反过来，她也向我道歉并体谅我的错误。我很骄傲自己能够控制脾气，以德报怨。我发现，与和她对着骂、诅咒她"怎么不去死"相比，赢得她的好感让我更快乐。

每位总统入主白宫时，都要面对棘手的人际关系问题。塔夫脱总统也不例外，经验告诉他，理解和体谅对于缓解不良情绪有着巨大作用。塔夫脱在他的著作《公共事业的伦理》中，相当风趣地描述了他如何安抚一位失望悲愤的母亲。

华盛顿有一位女士，她的丈夫在政界颇具影响力。一个半月来，她找了我很多次，希望我给她的儿子安排个职务。她还找了很多参议员和众议员给她当说客，和她一起来到我面前，给她儿子说情。她看中的职位需要具备一定技术知识，经该部门负责人推荐，我任命了另一人。这位母亲得知后，给我写了一封信，指责我忘恩负义，一点儿小忙也不愿帮。她说我的拒绝给她带来了巨大的痛苦。她还抱怨说，为了让我提出的行政法案顺利通过，她努力说服所在州的代表，而这就是我对她的回报。

如果你收到这样一封信，第一反应很可能是这个人不知深浅，没有礼貌，想着怎么教训一下她。你有可能会写信回击。但如果你够聪明的话，你会把回信放到抽屉里，然后锁上抽屉，两天之后再拿出来。虽然回信延迟了两天，但这时，你可能就不想把它寄走了。我也那样做了。后来，我再次坐下来，尽可能礼貌地给她写了一封信，告诉她，我很理解一个母亲此时的伤心失望。但实际上，这个职位并不是由我个人的喜好决定的，这个职位要求有很强的技术背景，因此，我才采纳了部门负责人的建议。我衷心希望，她儿子能在当前岗位上大展宏图，不辜负她的期望。那封信消除了她的愤怒，她回信说很抱歉写信斥责我。

如果你遇到下面这样的困境，你会怎么处理？在一家高端酒店，你不得不通知酒店经理，电梯需要关闭一整天，而这样做显然会给顾客造成极大的不便，引发他们的愤怒。杰伊·曼格姆就是这件事的主人公。他是俄克拉何马州塔尔萨一家电梯维修公司的负责人，与当地一家高端酒店签订了合同，负责酒店电梯维修。杰伊很清楚，即使检修过程一切顺利，电梯再次运行也需要至少八个小时，而且还要配合酒店方便的时间，找到专业的机修工，但该经理坚持只能关闭两个小时电梯。

杰伊安排了一个一流的机修工负责酒店电梯检修。当机修工抵达时，杰伊打电话给酒店经理。他没有和经理争论时间的问题，而是说："里克，我知道酒店顾客多，你想把电梯关闭的时间控制到最短。我完全理解你的想法，也愿意尽一切可能来提供帮助。然而，根据我们的经验，如果检修不彻底，未能消除隐患，那么电梯一旦出现问题，后果不堪设想，这样的话，电梯关闭的时间只会更长。我知道你不希望客人好几天都无法乘坐电梯。"

经理不得不承认，八小时检修当然比停运几天好太多了。正是因为杰伊理解经理想让顾客满意的心情，才消除了经理的不满，轻松说服了经理，顺利解决了问题。

索尔·胡洛克是美国最优秀的经理人。在将近半个世纪的时间里，他先后和许多知名艺术家共事过，包括歌唱家夏里亚宾、舞蹈家伊莎多拉·邓肯和芭蕾舞演员帕夫洛娃。胡洛克告诉我，在和这些性情不同的明星打交道时，他学到的第一课就是必须理解他们，理解并接受他们身上的独特之处。

夏里亚宾是当时最伟大的低音歌唱家。索尔·胡洛克曾给他做过三年经理人。在台前，他的歌声会让大都会剧院里豪华包厢的听众流连忘返。但下了台，夏里亚宾就像个被惯坏了的孩子，总是麻烦不断。用胡洛克的原话来说："他就是十足的魔鬼。"

例如，他某天晚上要登台演唱。中午，他突然打电话给胡洛克，说："索尔，我不舒服，感觉嗓子有异物，堵得慌，晚上可能没法上台演出了。"胡洛克先生会和他争论吗？当然不会。他知道一个专业的经理人不能这样对待艺术家，所以他满怀同情地冲到夏里亚宾住的酒店。"太不幸了。"他无比痛心地说，"太可怜了！可怜的家伙，你不能唱了，我立即取消演出。你可能会因此损失几千美元，但这与你的声誉相比根本不算什么。"

然后夏里亚宾垂头丧气地说："那您晚一点儿再来看看，差不多五点钟吧，也许到时我会好一点儿。"

五点钟，胡洛克先生再次来到酒店，一个劲儿地表达理解和同情，并且坚持取消演出。夏里亚宾再次唉声叹气说："你最好晚点儿再来一趟，到时我可能就好了。"

七点半的时候，这位低音歌唱家同意登台演出，但前提条件是，胡洛克先生需告知听众，他得了重感冒，嗓子不舒服。胡洛克先生假装答应他一定会照做，因为只有这样，他才会登台演出。

亚瑟·盖茨博士在其著作《教育心理学》中写道："世人皆渴望得到同情。孩子急切展示他的伤口，有时为了得到更多同情，甚至故意弄伤自己。成年人也一样……也会展示自己的创伤，讲述他们遭受的事故、疾病，以及手术细节。从某种程度上来说，不管是真的不幸，还是假想的不幸，'自怜'都是一种常见的行为。"

如果你想说服他人接受你的观点，那么请付诸实践：

> • 原则9：
> **向对方表达同情与理解，感同身受。**

10. 让对方深信，他在你眼中是诚实正直的好人

我在密苏里州偏远乡村长大，那里曾是美国侠盗杰西·詹姆斯生活过的地方。我曾参观过位于密苏里州科尔尼的詹姆斯农场，当时杰西·詹姆斯的儿子住在那里。

他的妻子向我讲述了杰西当年的一些逸事，比如他如何扒火车，抢银行，把抢来的钱分给附近的农民，帮他们偿还抵押贷款。

在杰西·詹姆斯的内心深处，可能认为自己是一个理想家，如同后来的达奇·舒尔茨、"双枪杀手"克劳利和阿尔·卡彭一样。事实是，每个人都觉得自己很了不起，坚信自己是一个无私、高尚的英雄。

皮尔庞特·摩根在研究中发现，人们做一件事，通常有两个理由：一个是崇高的借口，一个是真实的动机。

每个人都知道自己的真实动机，无须他人强调。但所有人，本质上都是理想主义者，喜欢一些听起来高大上的借口。因此，如果你想改变他人，请帮他们想一些更高尚的动机。

这个规则在商业领域适用吗？我们一起来看一个例子。汉密尔顿·法雷尔来自宾夕法尼亚州格伦奥尔登，是法雷尔-米切尔公司的合伙人。他有个心怀不满的房客扬言要搬走，尽管他的租约还有四个月到期，但他宁肯毁约也不住了，一定要搬走。

这些人整个冬天都住在我的房子里，那是一年中成本最高的季节。我知道，如果他们搬走，在秋天到来前，这套公寓很可能就租不出去了，租金收入就会少很多。我当时真的非常生气。

要是平时，我一定会冲到那个租客面前，让他好好看看租约，并警告他，搬走可以，但必须把剩下四个月的房租补齐。这是我应该得的，我一定会来收的。

然而，事实上，我并没有大发雷霆，也不想和他大吵大闹，我决定试试其他策略。于是我对他说："多伊先生，我听说您想要搬走，但我觉得您可能不是真心想搬走。我多年来一直做租房业务，看人还是很准的。从我见您第一眼起，就知道您是一个信守承诺的人。我非常确信自己的判断。我敢打赌，我没说错。

"您看这样可以吗？您先考虑几天再做决定。从现在开始，到下个月月初交租金前，如果您还是想搬家，您可以随时来找我，我向您保证，我会尊重您的决定，允许您离开并承认自己的判断是错的。但我仍然愿意相信您是个言而有信的人，会履行您的合同。当然，您最后如何决定，由您自己决定。"

嗯，到下个月交房租的日子，这位先生亲自来找我，付了房租。他说，他和妻子商量过了，决定留下来。他们一致认为，履行租约是值得尊敬的行为。

诺思克利夫勋爵在世时，发现一家报纸刊登了一张他不想公开的照片，于是他给该报社编辑写了一封信。但他并没有直接说："请不要刊登那张照片，我不喜欢。"他用了一个更高尚的理由——他利用了每个人对母亲的尊重和爱。他写道："请不要刊登那张照片。我母亲不喜欢。"

小约翰·洛克菲勒不想让报纸摄影师偷拍他的孩子，他也诉诸了更高尚的动机。他没有说："我不希望孩子们的照片上报。"他唤起了所有人内心深处的欲望——保护幼童。他对记者说："我想大家都明白，你们中有些人也有孩子。让小孩过多暴露在公众视野，不利于他们的成长。"

塞勒斯·柯蒂斯是《星期六晚邮报》和《妇女家庭杂志》的创始人，非常富有。但在创业之初，他只是一个来自缅因州的穷小子，当时的他无法像其他杂志那样支付撰稿人的高额稿费，也无法单凭稿费吸引一流作家来写作。于是他给了他们更高尚的动机。例如，在《小妇人》的作者路易莎·梅·奥尔科特如日中天的时候，柯蒂斯想请她写稿，于是他开了一张100美元的支票——但没有寄给她本人，而是寄给了她最喜欢的慈善机构。

说到这里，持怀疑态度的人可能会说："哦，这种方法对诺思克利夫、洛克菲勒或一个多愁善感的小说家来说没问题。但我想看看，你怎么用这个方法从那些难缠的人那里要到账！"

你的怀疑很合理。世上不存在包治百病的灵丹妙药，也没有一劳永逸的万能法。如果你对现在的状况感到满意，为什么要改变呢？如果你不满意，试试又何妨呢？

无论怎样，让我们来看看我的学生詹姆斯·托马斯的切身经历，也许你会有所感悟。

某汽车公司有六名顾客拒绝支付维修费用。他们觉得整个账单没问题，但是认为其中有的项目收费有问题。汽车公司拒绝承认这一点，因为每项收费都是经顾客签字确认的，他们也这样告知了顾客。这是他们犯的第一个错误。

下面是该公司信用部门催缴账单时采取的步骤。你觉得他们会成功吗？

1. 拜访每位客户，直接告诉对方，他们是来收账的，这笔钱拖欠太久了。

2. 他们非常肯定地说，公司完全没错，就是顾客弄错了。

3. 他们还暗示说，公司对汽车的了解比顾客多，所以没什么可争论的。

4. 结果：双方争辩不休。

上述哪个步骤能让客户满意，心甘情愿结账，你心里应该有答案了。

事情发展到这个阶段，信贷经理准备诉诸法律手段解决问题。幸运的是，这件事引起了总经理的注意。总经理调查了这些客户，发现以往他们都会及时付款。所以，问题一定出在了收账方式上。于是，他把詹姆斯·托马斯叫来，让他去收这些无法收回的账。

下面是托马斯先生采用的方法。

1. 我拜访每一位客户，目的同样是催缴拖欠的款项。我们都清楚，这些账完全没问题。但我对此只字未提，而是对他们说，我拜访的目的是想了解公司哪些地方做错了。

2. 我明确表示，在听他们说明事情经过前，我绝对不发表任何意见。同时我也告诉他们，公司从未宣称自己绝对没错。

3. 我告诉客户，我只关心他的车子。他当然比世界上任何人都更了解他的车，关于他的车，他本人最有发言权。

4. 我请客户尽情倾诉，而我则认真倾听。我让他们知道，我对他们所说的话很感兴趣，也重视他们所说的一切。

5. 最后，我明白了客户的诉求——他们希望被公平对待。于是，我把他们的动机高尚化。在他们情绪稳定后，我说："首先，我想让您知道，我也觉得这件事处理得很糟糕。我们的一位销售代表给您带来了诸多不便，惹恼了您，这根本不应该发生。作为公司代表，我向您道歉。刚才，我坐在这里听您的想法，您的正直和耐心令我钦佩。正是因为如此，我想请您帮我个忙——相比其他人，您才是最佳人选，因为您最了解事情始末。这是您的账单，对我来说，由您核算才是最稳妥的。如果您是我们公司董事长，您会怎么做呢。我要把一切都交给您。您说什么就是什么。"

客户核算账单了吗？当然，他们认真核算了，而且从中得到了乐趣。这些账单从150美元到400美元不等，6名顾客中，有5人都全额付清了欠款。只有一位客户核算后，依然拒绝支付，对于有争议的费用，他一分也不想付。但整件事最神奇的是，在接下来的两年里，这6位客户都从我们公司购买了新车。

经验告诉我，当我们对客户一无所知时，唯一可靠的办法就是假设客户是真诚正直的，让他们觉得自己没错，这样他们就会愿意支付费用。换句话说，绝大多数人是诚实的，愿意履行自己的义务。但我相信，少部分喜欢耍花招的人，如果他们觉得你认为他们诚实、正直、公正，在大多数情况下，他们也会表现得比较好。

- 原则10：

让对方深信，他在你眼中是诚实正直的好人。

11. 用戏剧化的方式呈现自己的想法，引起更多关注

多年前，《费城晚报》受到了流言攻击。这是一场有针对性的恶意诽谤，流言传播迅速。有人告诉广告商，说读者现在很讨厌这份报纸，因为它广告太多、新闻太少。于是，《费城晚报》立即采取行动，制止这些流言蜚语。

但是该如何做呢？

下面是该报的应对方法。

《费城晚报》把报纸普通版的所有报道都分门别类整理，然后装订成册出版，并命名为《一天》。这本书共有 307 页，和一本精装书差不多，内容涉及一天内所有新闻和专题报道，但售价只有几美分。

这本书戏剧化的出版证明了一个事实：《费城晚报》信息量大、内容精彩。相较于拿出几页数据或者空洞的报告，这样的方法更有说服力、更生动有趣，也让人印象更深刻。

这是一个戏剧化的时代，仅仅陈述事实是不够的。即使是阐述真相，也必须描绘得生动、有趣、戏剧化，使用一些表演技

巧。电影和广告都是这样做的。如果你想得到关注，引起别人注意，你也必须这么做。

橱窗陈列设计师深知戏剧化的力量。例如，老鼠药生产商为了推广新药，给经销商提供了两只老鼠，放在展示橱窗里。结果，人们都很喜欢这个创意！在老鼠展出的一周里，老鼠药销量猛增，翻了五倍。

话太多招人烦，而且还不一定有用。国民现金出纳机公司发现，对销售人员来说，表达想法的最佳方式就是把想法戏剧化。于是，他们在俄亥俄州代顿市举行了一场为期三天的销售大会，花了很多钱邀请美洲大陆各地的销售人员参加。让这些销售员特别开心的是，整个大会期间，一场枯燥无聊的销售演讲也没有——一场演讲也没有，所有想法都是以小品和戏剧的形式呈现出来的。

一位名叫吉姆·伊曼斯的销售员分享了他如何通过戏剧性演示进行推销。"上周，我去附近的杂货店时，发现他们店里用的收银机已经过时了。于是我找到店主，对他说：'先生，你知道吗，每次顾客结账时，好几枚硬币就被你扔了。'我一边说着，一边往地上扔了一个硬币。单纯几句话可能让他稍有兴趣，但硬币掉在地上的声音却让他停下手头的工作，更认真地听我说。结果，我成功地从他那儿拿到了订单，帮他更换了所有的收银机。"

玛丽·凯瑟琳·沃尔夫来自印第安纳州的米沙沃卡，她在工作中遇到了一些问题，需要和老板讨论一下。周一早上，她想见老板，但被告知老板正忙，可以让秘书看看本周什么时候有时间。秘书说，老板行程安排得非常紧，但她会尽量安排个时间给她。沃尔夫讲述了当时发生的一切。

整整一周我都没有得到秘书的回复。每次我去找她,她都用各种理由搪塞说老板没时间见我。到了周五早上,我还没有得到确切回复。周末之前我必须见到老板,讨论我的问题。于是,我问自己,怎样才能让老板见我?我是这么做的。我给老板写了一封正式信函。我在信中表示,我很理解他这一周有多忙,但我要和他讨论的事情非常重要。我随信附上了一封回执和一个写好地址的信封,请他填写或让他的秘书填写后交给我。回执内容如下:

沃尔夫小姐,我将于_____日_____点(上午/下午)抽出时间见你。我会给你_____分钟。

上午11点,我把这封信放进了他的收件筐。下午2点,我检查信箱,看到了回信。他亲自给我回了信,说当天下午他可以抽出10分钟见我。就这样,我和老板见了面,谈了一个多小时,彻底解决了我的问题。

如果我没有用这种戏剧性的方法表示我真的很想见他,可能到现在我还等着秘书安排时间呢。

詹姆斯·博因顿所在的公司刚刚完成了对一家知名品牌护肤霜的详尽研究,他必须立刻提交一份冗长的市场调研报告,里面包含该品牌市场竞争的数据。该品牌是他们公司渴望拿下的潜在客户,这个客户实力雄厚,但很难对付。

博因顿的第一次尝试几乎还没开始就失败了。

我第一次做报告，就完全偏离了主题，一直在和客户做无谓的争论，讨论我们的调查方法。顾客一直和我争辩——他质疑我们的方法，而我试图证明我们没错。

最终我赢了，我还特高兴——但时间到了，报告中的关键数据我还没来得及收集。

第二次汇报时，我没做图表和数据，而是直接去见了这个人，戏剧化地呈现了我的调查结果。

当我走进他的办公室时，他正在打电话。当他挂断电话，我打开手提箱，从箱子里拿出32罐护肤霜，放到了他桌子上，这些全部都是竞争对手的护肤霜，他一看就知道了。

在每个罐子上，我都贴了一个标签，记录调查结果，每个标签都简短而生动地介绍了那罐护肤霜。

后来发生了什么？

这次他没再和我争论。这种方式对他来说既新颖又独特。他拿起一个又一个罐子，阅读标签上的信息。随后，我们的交流很愉快，他对我们的调研非常感兴趣，问了许多问题。他原本只给我10分钟的时间进行展示，但10分钟过去了，20分钟、40分钟、一个小时过去了，我们还在聊。

其实，我这次和上次陈述的内容是一样的，只是这一次我用了戏剧化的展示方式，而这带来了截然不同的结果。

- 原则11：
用戏剧化的方式呈现自己的想法，引起更多关注。

12. 用激将法提出挑战，帮助他人克服恐惧

在查尔斯·施瓦布的公司里，有一位车间负责人，他手下的工人总是无法完成生产配额。

"怎么回事？"施瓦布问那位负责人，"你这么有能力，怎么把车间管理成这样，竟然完不成任务！"

"我也不知道，"负责人也很苦恼，"我想过各种办法，鼓励奖赏、斥责惩罚都用过，甚至还用解雇来威胁他们，但都不管用，他们就是不认真干活。"

这段谈话发生在傍晚，正是白班和夜班换班的时候。施瓦布向经理要了一支粉笔，然后转向离他最近的一个人，问道："今天白班一共生产了几批？"

"6批。"

施瓦布二话没说，在地板上画了一个大大的数字"6"，然后就走了。

值夜班的人来上班时，看见地板上的"6"，问这是什么意思。

"大老板今天来了，"白班的人说，"他问我们今天白班生产了几批，我们说6批，他就用粉笔写在地板上了。"

第二天早上，施瓦布又来到这个车间。夜班的人把"6"擦掉，换成了一个大大的"7"。

白班的人早上来上班时，他们也看到了地板上那个大大的"7"。夜班的人觉得他们比白班的人强，是吗？那他们可要让夜班的人见识见识了。工人们满怀热情地投入工作，他们当晚离开时，留下了一个巨大的、神气活现的"10"。工人的干劲越来越足。

很快，这个原本生产落后的车间，成为厂里生产效率最高的车间。

这运用了什么原则呢？

用查尔斯·施瓦布的话来说就是，解决问题的方法是刺激竞争。我不是指那种丑陋的追名逐利的竞争，而是超越他人的竞争。

渴望超越他人！激将法！发起挑战！这是一个振奋士气的绝佳方法。

如果没有挑战，西奥多·罗斯福永远不会成为美国总统。这位英勇的骑兵刚从古巴回来就被选为纽约州州长。但他的政敌发现他不是纽约州的合法常住居民，于是罗斯福有些害怕，想辞去州长职位。当时的美国纽约州参议员托马斯·科利尔·普拉特对罗斯福使用了激将法。他走到罗斯福面前，用洪亮的声音喊道："难道圣胡安山战役的英雄是个懦夫吗？"

罗斯福接受了挑战，接下来的事大家也都知道了。这一挑战不仅改变了罗斯福的人生,也对美国的未来产生了深远的影响。

"世人皆有恐惧,但勇者能够放下恐惧,勇往直前,即使牺牲生命,也在所不惜。"古希腊国王侍卫队把这句话视为自己的座右铭。还有什么比克服恐惧更具挑战性呢?

当阿尔·史密斯担任纽约州州长时,他遇到了这样一件事。魔鬼岛以西的新新监狱,臭名昭著,令人闻风丧胆,没人愿意去那里当典狱长。监狱经常传出各种丑闻,史密斯急需一个手段强硬的人来管理新新监狱。但谁能胜任呢?他派人请来了新汉普顿的路易斯·劳斯。

"你去管理新新监狱怎么样?"当劳斯站在他面前时,史密斯说,"那里需要一个有经验的人。"

劳斯大吃一惊,他知道新新监狱的危险性,但这是一项政治任命。新新监狱的典狱长来了又走,有一个人只干了三个星期。他不得不考虑自己的事业发展——值得冒这么大的风险吗?

史密斯看出了劳斯的犹豫,向后靠在椅子上笑了。"年轻人,"史密斯说,"我不怪你感到恐惧,那个地方充斥着暴力和犯罪,一个勇猛果敢的人才能遏制那些罪犯。"

所以史密斯是在激将,对吗?这果然激起了劳斯的好胜心,他欣然接受了这份需要"勇猛果敢的人"的工作。

他去了新新监狱,不仅去了,还留了下来,成为当时最著名的典狱长。他的著作《在新新监狱的两万年》卖出了数十万册。他的故事广为流传,他对监狱的管理成为数十部电影的灵感源泉。他教化罪犯,实行人性化管理,为监狱改革做出了重大贡献。

费尔斯通轮胎和橡胶公司的创始人哈维·费尔斯通说:"我从不认为,仅凭薪酬就能吸引优秀人才,并把他们留住——留住他们的是工作本身。"

伟大的行为科学家弗雷德里克·赫茨伯格对此深表赞同。他深入研究了成千上万名员工的工作态度,从工厂工人到高级管理人员,包括各个层级的人。那么工作中最能激励人的是什么因素?更多的钱、良好的工作环境,还是额外的福利?都不是。工作中最大的激励因素是工作本身。如果工作有趣、令人兴奋,员工就会对它充满期待,并有动力把工作做好。

每个成功人士都热爱竞争。竞争使人们有机会表现自我,证明自己的价值,并超越他人,赢得胜利。这就是为什么会有竞走和吃派比赛的存在,这些都会激发人们追求胜利、满足自己被重视的渴望。

- 原则 12:

用激将法提出挑战,帮助他人克服恐惧。

小 结　　如何与他人友好相处，实现共赢

- 原则 1　赢得争论的唯一方式就是避免争论
- 原则 2　尊重他人的想法，永远不要对他说"你错了"
- 原则 3　主动真诚地承认错误，退一步海阔天空
- 原则 4　温和友善，宽以待人
- 原则 5　循循善诱，反复强调双方共同的目标，让对方说"是"
- 原则 6　不要向他人吹嘘自己的成功，以免招致嫉妒与怨恨
- 原则 7　提出建议进行引导，让对方觉得好主意是他自己想到的
- 原则 8　换位思考，站在对方的角度考虑问题
- 原则 9　向对方表达同情与理解，感同身受
- 原则 10　让对方深信，他在你眼中是诚实正直的好人
- 原则 11　用戏剧化的方式呈现自己的想法，引起更多关注
- 原则 12　用激将法提出挑战，帮助他人克服恐惧

PART 4

第四部分
如何拥有卓越领导力，有效激励下属

1. 在批评和否定之前，先给予对方真诚的肯定

理发师在给人刮胡子前需先涂上肥皂泡润滑，以防伤到人。指出对方错误前，予以肯定，也有同样的效果。1896 年，威廉·麦金利在竞选总统时也采用了类似的方法。当时共和党内一位杰出的年轻人为他写了一篇竞选演讲稿，而且自认为这篇演讲比西塞罗、帕特里克·亨利和丹尼尔·韦伯斯特等人的演讲稿加起来还要好。这个年轻人非常高兴，兴致勃勃地向麦金利大声朗读了他的演讲。这篇演讲稿的确有一些优点，但如果用于竞选，一定会招致猛烈的批评。麦金利不想伤害他的感情，扼杀这个人的热情，但他不得不说"不"。那么，他如何巧妙解决了这个问题？

"我的朋友，这真是一篇精彩的演讲稿，令人印象深刻。"麦金利说道，"没有人能准备得比你更好了。这篇演讲稿适合很多场合，但在竞选中，你觉得用这篇稿子合适吗？从你的角度看，这篇稿子严谨合理，但我必须从共和党的角度考虑它的影响。现在请先回去，按照我的建议修改一下，然后再发给我一份。"

年轻人照着做了。麦金利修改了年轻人的演讲稿，并帮助他重写了一份。这位年轻人获益匪浅，成为最杰出的竞选活动演讲稿撰写人。

一个人在听到对他的夸奖和赞美之后，再听到令人不愉快的事情，则更容易接受。

亚伯拉罕·林肯最著名的一封信是写给比克斯比夫人的，信中表达了他对其在战争中失去 5 个儿子的哀悼之情。其次就是下面这封信。林肯只用了 5 分钟就写完了这封信——但在 1926 年的公开拍卖会上，这封信以 12 000 美元的高价售出。顺便说一句，这比林肯半个世纪辛劳工作攒下的钱还要多。这封信是 1863 年 4 月 26 日林肯写给约瑟夫·胡克将军的，当时正值内战最黑暗的时期。一连 18 个月，联邦军持续惨败，看不到一丝胜利的希望，无数士兵倒在血泊中，举国震惊。成千上万的士兵当了逃兵，甚至参议院的共和党成员也开始反对林肯，想把林肯赶出白宫。"我们现在正处于毁灭的边缘。"林肯说，"似乎连上帝都不支持我们。我看不到一丝希望。"正是在这最黑暗最绝望的时刻，林肯写下了这封信。

当时，国家命运掌握在这位将军手中。让我们一起重温这封信，看看林肯是如何努力说服一位桀骜不驯的将军的。

这可能是亚伯拉罕·林肯成为总统后写的最尖锐的一封信。但你会发现，在批评胡克将军的严重错误之前，林肯总统先表扬了胡克将军。

没错，胡克将军犯了致命的错误，但林肯并没有直接说，他的措辞更节制、更委婉。林肯写道："我对你有些地方不太满意。"这种表达得体而又含蓄。

我任命你为波托马克军团的司令,当然是因为我觉得你可以胜任。但我希望你知道,在某些事情上,我对你不太满意。

我相信你是一位智勇双全的将军,对此我很欣赏。我也相信你的军事素养——避免自己的军事决策受政治因素影响,在这一点上你做得很好。你对自己很有信心,虽然这并不是不可缺少的品质,但也弥足珍贵。

你有雄心壮志,这固然很好,但也需要适度。在伯恩赛德将军指挥军队期间,你任由野心膨胀,尽己所能地阻挠他。你这样做,不仅损害了国家利益,也伤害了这位功勋卓著、受人尊敬的战友。

最近我听说,你说军队和政府都需要一个独裁者。当然,也可能是我听错了。不管怎样,我都已经授予了你指挥权。

只有获得胜利的将军才有资格成为领袖。现在,我对你的要求是,必须打胜仗!即使有人因此说我是独裁者,我也认了。

政府将尽其所能支持你,一直以来,我们都对所有军官一视同仁,未来也不会改变。因为你的误导,军中出现不良风气,质疑长官,军心涣散。我担心的是,这种风气动摇了你在军队中的威信。但我将尽我所能帮助你,消除军中的质疑和不满。

如果拿破仑还活着，面对这样一支军心涣散的队伍，也别想着打胜仗。你也一样。谨言慎行，不骄不躁，奋勇向前，去夺取胜利吧。

你不是柯立芝、麦金利，也不是林肯，你很想知道这种方法是否适用于日常商业交往。它适用吗？

我们以费城沃克公司的高先生为例。沃克公司签订了一份合同，在费城建造一栋大型办公楼。一开始一切都进行得很顺利，但就在大楼快要完工时，负责大楼外部青铜装饰的承包商突然宣布，他不能按时交货了。什么！整栋大楼都会因此而延期交工。因为一个人，沃克公司不仅面临巨额违约金，而且损失惨重。

无数长途电话和激烈争吵，都没有解决问题。最后，没办法，公司只好派高先生去纽约，和承包商当面协商。

两人见面做了自我介绍后，高先生问了承包商老板这样一个问题："你知道你是布鲁克林唯一一个叫这个名字的人吗？"这位老板愣了一下，说："不，我不知道。"

"嗯，"高先生说，"今天早上我下火车后，在电话簿上查询你的地址时发现，在布鲁克林电话簿上你的名字是唯一的，没有重名。"

"我从来不知道。"该老板说。他饶有兴趣地查了一下电话簿。"嗯，这的确是个不寻常的名字，"他骄傲地说，"我们家族来自荷兰，大约200年前开始在纽约定居。"随后几分钟，他一直在讲述他的家族和先辈事迹。在他讲完后，高先生又开始称赞他的工厂，不仅规模大，而且比他参观过的许多其他工厂都要好。"这是我见过的最干净、最整洁的青铜工厂之一。"高先生说。

"这个工厂凝聚了我毕生的心血，"承包商老板说，"它就是我的骄傲。你想参观一下吗？"

在参观过程中，高先生盛赞了他们的生产体系，并表示自己似乎明白了他为什么比其对手优秀。高先生发现几台机器与众不同，该老板很自豪地说这些机器是他自己发明的。然后他开始滔滔不绝地介绍这些机器如何工作、生产的产品有多么好。参观完以后，他坚持请高先生吃午饭。请注意，到此时为止，高先生对此行的目的还只字未提。

午饭后，承包商老板说："现在我们来谈谈正事吧。我知道你为什么来这里。我没想到我们会聊得这么愉快。现在，你可以安心回去了。我向你保证，你们订的货物都会按时交货，即使耽误其他家的订单，我也会保证你的订单准时发货。"

高先生什么也没提，就达成了此行目的。货物及时送达，办公大楼也如期竣工。

在解决这件事时，如果高先生和其他人一样，采取强硬的态度，还会是这个结果吗？

当新员工工作总是出现失误时，很多老板首先想到的是，替换掉他，让更有能力的人来做。但是新泽西州蒙茅斯堡信用合作社的分行经理多萝西·鲁布勒斯基没有这样做。在她看来，新人因为经验不足而出错，不应该被放弃。她分享说：

> 我们最近招了一位年轻的见习出纳员。我们客户很喜欢

她。她处理业务又快又准。问题是一到下班前清算时,她就会犯错。

出纳主管来找我,强烈建议我解雇她:"她拖了其他人的后腿,因为她清算速度太慢了。我一遍又一遍教她,她就是不会。她必须走人。"

第二天,我观察了一下这个姑娘,发现她在处理日常业务时又快又准,对我们的客户也非常友好。

很快,我就发现了她清算时为什么总出问题。下班后,我打算找她谈谈。看见我,她显得十分紧张,有些沮丧。我首先表扬她对客户的友善态度,又肯定她业务能力强。然后,我建议我们一起走一遍现金日清过程。当她意识到我对她仍有信心时,她很容易就接受了我的建议,也很快就掌握了清算不出错的关键。从那以后,她再也没有出过问题。

挑错前的称赞如同牙医使用的麻醉剂,虽然病人依然逃脱不了被钻牙的命运,但麻醉剂让他感觉不到疼痛。一个领导者应该学会:

> • 原则1:
> **在批评和否定之前,先给予对方真诚的肯定。**

2. 慎用"但是",巧妙地暗示对方的错误

一天中午,查尔斯·施瓦布路过他名下一家钢铁厂时,看见一些员工在抽烟,而在他们头顶正上方就有一块牌子,上面写着"禁止吸烟"。施瓦布是否会指着警示牌,质问他们:"你们不识字吗?"当然不会,如果这样做,他就不是施瓦布了。他走到这几个人面前,递给每人一支雪茄,说:"小伙子,如果你们能在外面抽,我会非常感激的。"他们知道,老板知道他们违反了规定——他们非常钦佩他的胸怀,他不仅对他们的错误只字不提,还送给他们一个小礼物,这让他们觉得受到了重视。这样的老板,没人会不喜欢吧?

约翰·沃纳梅克使用了同样的技巧。沃纳梅克每天都要去费城的商场里视察。一次,他看见一个顾客在柜台前站了很久都没有人过来服务她。销售人员呢?她们在柜台另一端,围在一起说笑。沃纳梅克什么也没说,走到柜台后面,亲自招待那位女士,然后把顾客买的东西交给店员打包,自己就走了。

沃纳梅克选择以身示范,表明他的意图,他没有批评员工。

然而，有时你需要更直接的方法。虽然有很多委婉的方式可以表达你的想法，但有一个词要慎用，那就是"但是"，它会让你所有的努力都白费，就像毒药一样。披着赞美的幌子，行批评之实，通过"但是"一词，你可以巧妙地掩盖真正意图。例如，"你的裙子很漂亮，但是颜色不适合你"，或者"虽然上次考试你考得不错，但是依然是班里最低分"。"但是"这个词虽然看着不起眼，但影响巨大。当这个词出现时，不管多么真诚的赞美，都是为了后面的批评做铺垫。糖衣一样的赞美，犹如放久的酸牛奶。赞美之后的"但是"意味着麻烦，这是谁都明白的事。

慎用"但是"这个词，用一种更真诚的方式表达你的想法。

1887年3月8日，演说家亨利·沃德·比彻与世长辞。随后的周日，莱曼·阿博特受邀接替比彻发表布道演讲。为了做到万无一失，阿博特像福楼拜一样，字斟句酌，一丝不苟地一遍又一遍修改着布道词。他把布道词读给他妻子听，结果效果非常差——就和大多数事先准备的演讲稿一样。如果他的妻子过于直白的话，很可能会说："莱曼，你写得太差劲了！这样不行的，你读起来像在念百科全书，你只会让人昏昏欲睡。你做了这么多年演讲，应该知道怎么写啊。看在老天的份上，你怎么就不能像个正常人一样说话呢？你为什么不能表现得自然一点儿？如果你真这么读了，肯定会丢人现眼的！"

他的妻子原本可以这样说的。如果她这样说了，可以预想后果。她也清楚，所以她只是说了句："这篇文章放在《北美评论》上一定非常不错。"换句话说，她赞扬了这篇文章，但同时也巧妙地暗示它不适合做演讲。莱曼·阿博特看出了这一点，于是撕掉了精心准备的演讲稿,脱稿演讲了。

纠正别人错误最有效的方法是:

> • 原则2:
> **慎用"但是",巧妙地暗示对方的错误。**

3. 谦虚谨慎，批评他人之前先承认自己也会犯错

我侄女约瑟芬·卡内基来到纽约给我当秘书时只有19岁，她高中毕业3年，几乎没什么工作经验。现在，她已经成为苏伊士运河以西最能干的秘书。但一开始，她有太多的东西需要学了。一天，当我正要批评她时，我对自己说："等一下，戴尔·卡内基，稍等一下。你的年龄是约瑟芬的2倍，你的工作经验比她丰富得多，你怎么能指望她有你的视野、你的判断力、你的主动性呢？等一下，戴尔，你19岁的时候在干什么？还记得自己做过的蠢事吗？你还记得你以前……"

我认真思考了一会儿，不得不承认，公平来讲，此时的约瑟芬比我19岁时强多了——虽然我很不想承认，但这并不是对约瑟芬的恭维。

从那以后，每当我想提醒约瑟芬她犯的错误时，我总是这样开始："约瑟芬，你这里做错了，但我当年犯的错误比这严重多了！没有人天生就知道对错，准确的判断力源于经验。不过你可比我当年强多了。我自己都犯过那么多错误，做过那么多蠢事，

我没有要批评你或任何人的意思。但你觉不觉得，这里这样做更好一些？"

如果批评你的人一开始就谦虚地承认他自己也会犯错，也有很多缺点，那么听到对方说出你的缺点也就不那么难以忍受了。

早在1909年，温文尔雅的伯恩哈德·冯·比洛已经意识到这种做法的必要性。当时，他担任德意志帝国首相，国王是威廉二世——这是一个狂傲自大、不可一世的人，也是德国最后一位皇帝。威廉二世建立了一支军队，包括海军和陆军，并自诩这支军队锐不可当、所向无敌。随后，发生了一件令人十分震惊的事情。这位德国皇帝发表了一些惊世骇俗的言论，震动了整个欧洲大陆，并在全世界引发了恶劣影响。更糟糕的是，他在英国做客时，还在公开场合发表了一些愚蠢、自负、荒谬的声明，而且他还允许王室将这些声明刊登在《每日电讯报》上。例如，他声称自己是唯一一个对英国人友好的德国人，说自己正在组建海军，以抵御日本的威胁；他还号称自己凭借一己之力，拯救英国于水深火热之中，免受俄国和法国的欺辱和侵略；还说正是他出谋划策，英国的罗伯茨勋爵才得以在南非击败了布尔人；等等。

一百多年来，从没有哪个欧洲王室敢在和平时期这样胡说八道、大放厥词。这无异于捅了马蜂窝，整个欧洲都愤怒了，尤其是英国。德意志帝国的政客都吓坏了。极度恐慌中，这位德国皇帝惊慌失措，暗示首相冯·比洛承担责任。没错，他想让冯·比洛承认，皇帝之所这么说，都是自己逼迫的。

"但是陛下，"冯·比洛抗议道，"无论在德国还是在英国，没人相信我能迫使您说出这样的话。"

话一出口，冯·比洛就意识到自己犯了一个严重的错误。威廉二世立刻恼羞成怒。

"你觉得我像头蠢驴，"他怒吼道，"你是说你绝不会犯这么愚蠢的错误，是吗？"

冯·比洛知道，他应该先表扬后谴责——但为时已晚，他只好退而求其次。在批评后，赶紧说了一些赞美的话。这时，奇迹出现了。

"我怎么可能那么说，"他恭敬地回答，"陛下在许多方面都比我强，您不仅军事才能过硬，一手打造了海军，最重要的是还通晓自然科学知识。每次听您解释气压计、无线电报或伦琴射线时，我都非常钦佩。我对自然科学一无所知，对化学和物理也一窍不通，连最简单的自然现象也解释不清楚。但是，"冯·比洛继续说道，"也许是上天为了补偿我，让我了解了些许历史知识，在政治和外交上也算小有心得。"

听了这些赞扬的话，威廉二世立即喜笑颜开。冯·比洛抬高了他，贬低了自己。此时，对这位德国皇帝来说，没有什么是不可原谅的。"我不是一直告诉过你吗？"德皇热情地喊道，"我们弥补了彼此的不足。我们应该团结一致。一定要团结！"

他握着冯·比洛的手，久久不放。那天晚些时候，他激动得攥起双拳喊道："如果谁敢在我面前说冯·比洛的坏话，我就一拳揍扁他的鼻子！"

冯·比洛及时拯救了自己，但作为一个精明事故的外交家，他一开始仍然犯了个错误：他应该先谈论自己的缺点和皇帝的优点，而不是暗示皇帝是一个需要监护人的笨蛋。

如果几句贬低自己和抬高对方的话,就能把一个傲慢、暴躁的皇帝变成一个忠实的伙伴,那么想象一下,在日常交往中,谦逊和赞美能为你我带来什么。如果使用得当,这个方法将在人际关系中创造巨大奇迹。

承认自己的错误——哪怕是你还没改正的错误,有助于说服他人改变其行为。

一个好领导定会:

> • 原则3:
> **谦虚谨慎,批评他人之前先承认自己也会犯错。**

4. 用提问的方式帮助下属找到解决问题的方法

我曾有幸与美国传记文学巨匠艾达·塔贝尔小姐共进晚餐。我和她聊起了我正在写这本书,探讨了如何与人相处这个重要的话题。她告诉我,当她为美国无线电公司的创始人欧文·扬写传记时,她采访了一个曾与扬先生在同一间办公室工作了三年的人。据这个人说,在这三年里,他从未听到扬对任何人直接下命令,他一般只会给出建议,从不命令人干什么。例如,欧文·扬从来不会说做这个做那个,或不准做这个不准做那个。相反,他会说"你可以考虑一下这个"或者"你觉得这个可行吗?"口述完一封信后,他常常会征询助手的意见,问:"你觉得这样写怎么样?"在看过助手写的信后,他会说:"这里我们这样说也许更好一些。"他不会要求手下听令行事,总是给他们创造实践机会,让他们大胆尝试,从错误中吸取经验教训。

这个方法让人们轻松地纠正自己的错误。而且,这样做还能给他人留足颜面,让对方觉得自己受到重视,因此,也就更容易得到人们的配合而不是反抗。

盛气凌人地发布命令，会招来持久的怨恨，即使这个命令是为了纠正严重的错误。丹·圣雷利是宾夕法尼亚州怀俄明市一所职业学校的教师，他和我们分享了发生在他们学校的一则故事。该校一名学生在校内违规停车，将车堵在了一家商店的入口处。一位老师冲进教室，气势汹汹地问："挡路的那辆车是谁的？"在车主站起来回答后，老师嚷嚷道："马上把车挪走，现在就去！再不开走，我就用链子把它捆起来拖走！"

没错，那个学生做错了，他不该把车停在那里。但是从那天起，不仅那个学生恨上了那位老师，班上其他学生也开始找那位老师的麻烦，想方设法让他生气。

如果当时那个老师换种方式处理这件事，结果会怎样呢？在确定了车主后，如果他态度和蔼地问："小伙子，你的车很漂亮，但你停在那里，会被拖走的。为了确保商店前道路通畅，我们正在打击违规停车。"无须要求那个学生移车，为了拯救他的钱包和爱车，他自己就会马上跑出去把车移走。而且，他很可能还会感谢老师及时提醒！

以问题代替命令，不仅人们更容易接受，而且还能够激发创造力。如果人们参与了命令的决策过程，那么他们就更容易接受命令，而不会为此勃然大怒。

伊恩·麦克唐纳来自南非的约翰内斯堡，是一家小型精密机械制造厂的总经理。一次，他有机会获得一份大订单，但他觉得自己的工厂没有能力按时交货——车间工作早就排满了，这份订单的交货期又太短，这似乎是一个不可能完成的订单。

他没有强迫员工加班加点完成订单，而是把所有人都叫到一

起,解释了目前的情况,并告诉他们,如果能按时交工,会给公司和他们带来多大利益。然后他问大家:

"有什么办法可以按时完成这个订单吗?"

"要想完成这单生意,必须对现有车间工期进行调整,有人有什么好想法吗?"

"为了完成这个订单,在上班时间和人员安排上,是不是也可以调整一下?"

员工们集思广益,想出了许多方法,并强烈要求他接下这个订单。他们以一种"我们能做到"的态度认真对待,最终订单按时完工和交付。

高效领导者应该:

> • 原则4:
> **用提问的方式帮助下属找到解决问题的方法。**

5. 给下属留足面子

几年前,通用电气公司面临着一个棘手的问题:如何免除查尔斯·斯坦梅茨部门主管的职位。斯坦梅茨在电学方面是绝对的天才,但作为核算部门的主管却很不称职。公司并不想得罪他,他对公司是不可或缺的,但他这个人很敏感,听不得否定。于是公司想办法,最终给他设了一个新头衔,任命他为通用电气公司的咨询工程师——这个头衔正适合他目前的工作,而让另一个人来领导这个部门。

斯坦梅茨对此非常开心。

通用电气的管理人员也非常高兴,他们巧妙地安抚了这位喜怒无常的高端人才,没有引起任何纠纷,还给他留足了面子。

给对方留面子,这一点至关重要!我们当中很少有人认真思考过这一点!我们不顾他人感受,我行我素,吹毛求疵,威胁恐吓。我们当着别人的面批评孩子或员工时,从不考虑是否会伤害他们的自尊。然而,只需几分钟的思考,一两句体贴的话,设身处地理解对方,就会大大减轻这些伤害!

如果你下次不得不斥责或者解雇员工时，请记住上面这段话。

"解雇员工不是一件令人愉悦的事情，被炒鱿鱼就更不可能开心了。"注册会计师马歇尔·格兰杰在给我的一封信中写道，"我们的业务主要是季节性的，因此，计算所得税的高峰结束后，我们不得不让很多人离开。"

"在我们这个行业，没有人喜欢挥舞斧头砍人。结果就是大家养成了速战速决的习惯。我通常会这样说：'史密斯先生，请坐。今天的工作结束了，我们暂时也没有其他工作安排给你了。显然，你也知道你只是短期受雇的。'或者其他诸如此类的话语。

"这样的话当然会让对方失望，感觉自己被辜负了。他们中的大多数人一辈子都在会计领域工作，对如此随意地解雇他们的公司自然也没什么归属感。

"最近，我决定在解聘员工时，换一种更委婉体贴的方式。这次，我认真评估了他们在冬季的工作后，才把他们叫了进来，然后这样说：'史密斯先生，您的工作完成得非常不错（如果他确实干得不错的话）。上次我们派您去纽瓦克，任务很艰巨，但您恪尽职守，出色地完成了工作。我们想让您知道，公司为您感到骄傲。您能力出众，将来无论在哪里工作，都将大有作为。我们相信您的能力，也祝您一切顺利。'

"效果如何？他们在离开时感觉好多了，至少不再感觉自己被辜负。他们知道，如果我们有工作，一定会留住他们的。当我们再次需要他们时，他们也会因为这份情谊，再次为公司效力。"

已故的德怀特·莫罗拥有一种不可思议的能力——即使双方

吵得再不可开交，他也能让交战双方休战和解。他是怎么做到的？他会努力寻找双方各自正确的地方，然后对这些优点大夸特夸，最后谨慎地将其公之于众——无论解决方案是什么，他从来没有让任何人成为过错方。

所有仲裁员都明白：给每个人留足脸面。

即使我们是对的，而对方大错特错，也要给对方留足面子。让别人丢脸，除了伤其自尊，还有什么好处？法国传奇航空先驱、作家安东尼·德·圣埃克苏佩里曾写道："我没有权利去说或是去做任何让他人自卑的话或事情。重要的不是我怎么看他，而是他怎么看他自己。伤害别人的尊严就是在犯罪。"

真正的领导者总是：

- 原则5：

  给下属留足面子。

6. 即使是下属最微小的进步，也要由衷地称赞

皮特·巴洛是我的老朋友。他是马戏团的驯狗员，经常跟马戏团巡回演出。我喜欢看皮特训练小狗表演节目。我发现，每当小狗表现出一点点进步，皮特就会拍拍它，喂它吃饼干，大方地表扬它。

这不是什么新鲜事。几个世纪以来，驯兽师一直在使用相同的方法。

我想知道的是，训练小狗时，我们会表扬奖励，那我们试图改变他人的时候，为什么不能用同样的方法呢？我们为什么不能用肉骨头代替鞭子？为什么不能用赞美来代替责骂？哪怕是一点点微不足道的进步，也值得称赞。称赞可以激励对方不断进步。

心理学家杰斯·莱尔在其自传中写道："赞美就像阳光，温暖着人的灵魂。没有它，我们就不能如鲜花般盛开和成长。然而，大多数人只愿意将寒风般刺骨的批评吹向他人，却吝于把阳光般温暖的赞美洒向他人。"

回首过去，我发现，我人生中所有重大改变都离不开别人的

肯定，虽然这些肯定可能只有寥寥几句。你是不是也有过类似的经历？历史上无数例子可以证明赞美的魔力。

在19世纪早期，伦敦有一个年轻人立志成为作家。但他命运多舛，只上过4年学，父亲因为无法偿还债务而被关进监狱。这个年轻人从小经常忍饥挨饿。最后，他在一家工厂里找到了一份给瓶子贴标签的工作。工厂里老鼠肆虐。晚上，他和另外两个男孩一起睡在一个阴暗的阁楼里——他们都是来自伦敦贫民窟的穷小子。他对自己的写作能力毫无信心，怕别人嘲笑他。第一份手稿完成后，他大半夜偷偷溜出去邮寄。一篇又一篇，无数篇稿件都被拒绝了，但他并没有放弃。终于有一天，他的一篇稿子被录用了。他没有得到1先令的报酬，但他的文章得到了一位编辑的肯定，这位编辑对他赞赏有加。他激动得热泪顺着脸颊滚落，在大街上狂奔。

文章的发表，以及由此得到的赞扬和肯定彻底改变了他的一生。如果没有那位编辑的鼓励，他可能一辈子都会默默无闻，在那个老鼠肆虐的工厂里贴标签。你可能听说过那个男孩，他的名字叫查尔斯·狄更斯。

很多年前，在那不勒斯的一家工厂里有一个男孩，他渴望成为一名歌手，但他的启蒙老师劝阻了他。"你不适合唱歌，"老师说，"你五音不全，没有唱歌天赋。你的声音听起来就像风刮百叶窗，很难听。"

但是他的母亲，一个贫穷的农妇，经常搂着他、表扬他。母亲告诉他，他很有天赋，她已经看到了他的进步。为了攒钱供他上音乐课，她把买鞋的钱都省了下来，自己赤脚走路。母亲的赞扬和鼓励改变了那个男孩的一生。他叫恩里科·卡鲁索，是那个时代最伟大、最著名的歌剧演唱家。

还有一个男孩，他在伦敦一家纺织品店打工维持生活。他每天早上 5 点就得起来打扫商店，每天工作 14 个小时。这份工作既辛苦又烦闷，两年后，他再也无法忍受了。一天早上起床后，他连早饭都没吃，就长途跋涉 15 英里去找母亲。

他发疯一样地恳求她，他痛哭流涕地说，如果再让他待在店里，他就自杀。然后，他给以前的老校长写了一封长信，倾诉自己的痛苦，说自己伤心欲绝，不想活了。这位老校长鼓励了他，说他非常聪明，完全适合做更好的工作，并给了他一份教书的工作。

老校长的肯定改变了这个男孩的未来，他在英国文学史上留下了不可磨灭的印迹。这个男孩后来创作出多部畅销书，挣了上百万美元。你可能听说过他，他叫赫伯特·乔治·威尔斯。

用赞美代替批评是斯金纳最基本的教学理论。这位伟大的当代心理学家通过对动物和人类的实验证明，当尽量减少批评而强调表扬时，人们会更愿意做好事，其卑劣行径也会因为缺乏关注而逐渐减少。

这一原则同样可以应用到工作中。加州伍德兰山的基思·罗珀发现，在他的印刷厂里，最近一批材料质量特别好。负责这份工作的印刷工是个新人，一直对这份工作有点抵触。他的上司对他很不满意，觉得他工作态度不认真，正在考虑解雇他。

罗珀先生得知这一情况后，亲自去印刷厂和这个年轻人谈了谈。他表示他对刚刚收到的印刷品非常满意，并指出这是一段时间以来他最满意的印刷品。他准确地指出了这些印刷品的优点，肯定了这个年轻人对公司的贡献。

这个年轻人会改变对公司的态度吗？仅几天的时间，他的态度就发生了彻底改变。他和几个同事聊起了这次谈话，并告诉大家，真正出色的印刷品一定会得到公司的欣赏和认可。从那天起，他就成了公司最忠诚敬业的工人。

罗珀先生在夸奖这位年轻的印刷工时，并非简单一句"你真棒"，而是着重指出对方工作具体哪些地方值得称赞。他的夸奖有理有据，而非泛泛而谈。这样的赞美对听者来说意义重大。每个人都喜欢被表扬，但表扬要有针对性才显得真诚，没有人喜欢谄媚的阿谀奉承之言。

请记住，人人都渴望得到赞美和认可，为此可以付出一切。但没有人想要虚伪的赞美，也无人想要阿谀奉承。

我有必要重申一下：本书中所教导的原则，只有发自内心才会奏效。我并不是提倡大家投机取巧，我提倡的是一种全新的生活态度。

我现在谈论的是如何改变他人。如果你能引导他人挖掘出自身潜能，那么你所做的远不止改变他，而是重新塑造了一个人。

夸张吗？一起来看看美国有史以来最杰出的心理学家和哲学家威廉·詹姆斯的至理名言：

> 与我们应该达到的状态相比，我们只觉醒了一半。身心提供的资源，我们也仅仅开发利用了一小部分。从广义上来讲，每个人都远未到自己的能力极限。每个人与生俱来多种

能力，却因习惯使然，将其束之高阁而疏于运用。

是的，正在读本书的你拥有无数潜能，却因习惯使然疏于运用。在这些能力中，有一种你可能忽视得很彻底，那就是，赞美他人——一种能够激励他人认识自身潜能的神奇能力。

批评扼杀能力，赞美助人成长！若要成为一个卓越的领导者，应该：

- 原则6：

即使是下属最微小的进步，也要由衷地称赞。

7. 找到下属身上的闪光点，激发他们充分展现

有句老话说得好："给狗一个恶名，还不如杀了它。"这意味着他人评价会对我们的行为产生影响。如果一个年轻人被贴上"闹事者"或"少年犯"的标签，不用怀疑，他们一定不会辜负这个名声！为什么？他们会觉得自己已经没什么可以失去的了，于是破罐子破摔了。

但是，如果你用心寻找他人身上的闪光点，又会发生什么呢？每个人都有优点，都有值得尊敬和钦佩的品质。与其吹毛求疵，在他人身上寻找缺点，不如给他们提供机会，让他们充分展现自己的优点，以及美好的、值得培养的品质。

露丝·霍普金斯夫人来自纽约布鲁克林，是一名小学四年级老师。她在教学中出色地运用了这一方法。开学第一天，她看着自己班级的学生名单，心情愉悦，充满了对新学期的期待。但当看到一个男孩的名字时，她的心顿时沉了下去。这个男孩就是汤米，全校有名的"坏孩子"。他之前的老师经常对同事、校长抱怨他的恶劣行为。汤米不仅淘气，还经常和同学打架，顶撞

老师，严重违反班级纪律。随着年龄的增长，他变得越来越无法无天。他唯一的可取之处就是学习能力强，能够轻松掌握全部功课。

霍普金斯夫人决定直面"问题生汤米"。欢迎新同学时，她夸奖了每个孩子："罗丝，你的裙子真漂亮。""艾丽西娅，我听说你画画很棒。"来到汤米面前时，她直视他的眼睛说："汤米，我知道你是个天生的领导者。这学期就指望你了，希望你帮我把咱们班变成整个四年级最好的班级。"随后几天，霍普金斯夫人不停地强调这一点。她对汤米做的每件事都大加赞扬，评价说，从他做的这些事，就可以看出他是一个非常聪明有才华的男孩。收获这样的美誉，即使汤米才9岁，他也不会辜负老师的信任——事实上，汤米也的确没有让老师失望。

我曾经和一家自助餐厅的管理者沟通过。这家连锁自助餐厅拥有26家门店，收款一直采取诚信制度。该餐厅成立于50年前，到目前为止，顾客结账从来没用过账单。用餐后，顾客告诉收银员自己应付多少钱，收银员就会收多少。

"完全没有人监督吗？"我惊讶地问餐厅管理者，"肯定有顾客虚报账单！"

"没有任何监督，"他回答说，"可能会有人骗吃——我们真不知道。但我们知道这个制度效果很好，如果无效，我们餐厅不可能存在半个世纪！"

自助餐厅的诚信制度让公众明白，在他们眼中，来吃饭的顾客都是诚实的。所以，每个人——富人、穷人、乞丐、小偷——都没有辜负餐厅授予他们的诚实美誉。

如果曾经优秀的员工开始消极怠工，不好好工作了，你该怎么办？当然，你可以解雇他，但这是最佳解决办法吗？痛斥他？但这通常会引起怨恨。亨利·亨克是印第安纳州洛厄尔一家大型卡车经销商的服务经理，他曾遇到过这样一个员工，让我们一起来看看他是如何处理的。

亨克先生手下有一名机修工，最近工作不认真，经常敷衍了事，不按时完成任务。但亨克先生并没有大声斥责或威胁他，而是把他叫到自己的办公室，和他进行了一次开诚布公的谈话。

"比尔，"亨克先生说，"你是个优秀的机修工，干这一行已经好些年了。顾客都非常满意你的修车技术，我们也收到了很多顾客对你的称赞。可是，最近你完成每项工作的时间越来越长，而且质量也不如以前。以前，你一直都做得非常好，我相信你也知道我对你现在的这种情况非常不满意，也许我们可以一起想办法解决问题。"

比尔回答说，他并没有意识到自己工作上的失误，并向老板保证，他能够胜任当前的工作，也会继续努力提高自己。

比尔做到了吗？答案是肯定的。他再一次成为那个干活又快又细致的优秀机修工。有了亨克先生对他的赞誉，他除了努力让自己恢复到以前的水准，不辜负亨克的赞美，还能怎么办呢？

所以，如果你希望对方在某方面有所改进，就让他认为自己已经具有某种特质。莎士比亚说过："如果你没有美德，那就假装自己有吧。"而且，假定对方具有某种美德后，你最好公开宣扬，让他拥有一个好名声，为了不辜负你，对方会竭尽全力维护自己的名誉。

马丁·菲茨休来自爱尔兰都柏林，是一名牙科医生。一天早上,一位病人和他说,漱口杯的金属杯托看起来很脏,这让他感到震惊。虽然病人漱口用的是纸杯,而不是杯托,但设备上有污渍,不管怎么说这都是不专业的表现。

病人走后,菲茨休医生回到办公室,给马丁写了一张便条。马丁是清洁工,每周来他的办公室打扫两次。他写道:

亲爱的马丁先生:

我们很少见面,所以我觉得有必要写信向您表达感谢,感谢您把办公室打扫得如此干净。我曾提过,完成办公室的保洁工作,一周两次、每次两个小时可能不太够用。如果这让您没有时间做一些隔一段时间才做一次的清洁工作,如擦干净杯托等,您可自行额外再安排半个小时。当然,我也会付您这半小时的薪酬。

"第二天,当我走进办公室时,"菲茨休医生说,"桌子被擦得像镜子一样,椅子也光亮如新,十分光滑,坐在上面都会滑下来。当我走进治疗室时,镀铬的杯托闪闪发亮,前所未有的干净。我给了那个清洁工一个值得称道的好名声,就这样一个小小的举动,打扫卫生时,他比以往都用心,打扫得也更加干净。"

记住,如果你想改变别人的态度或行为而不引起怨恨,请:

> • 原则 7:
> **找到下属身上的闪光点,激发他们充分展现。**

8. 持续的鼓励能够创造奇迹

我有一位朋友，他在 40 岁左右时终于找到了女朋友，订婚后，未婚妻要求他去上舞蹈课。"天知道，我太需要上舞蹈课了。"他坦白地说，"20 年过去了，我在跳舞方面一点儿进步也没有。我请的第一位老师说的话可能是真的，她说我完全跳错了。我必须忘记以前学的一切，从头开始。这让我彻底没了兴趣，一点儿也不想学了，所以我辞退了她。

"第二位老师可能没说实话，但我很喜欢听她说话。她若无其事地说，我的舞步可能有点儿过时，但基础还行。她向我保证，我学新舞步不会有任何困难。第一位老师一直强调我的错误，打击得我失去了信心。新老师却恰恰相反。她不停地表扬我的优点，弱化我的错误。'你天生节奏感就很强，'新老师肯定地说，'你真是个天生的舞蹈家。'我很清楚自己在跳舞上并没有什么天赋，但在内心深处，我依然希望她说的是对的。当然，也可能因为我交了钱，她才这么说的，但那又怎样呢？

"无论如何，如果没有她的夸奖，说我天生有节奏感，我跳得不可能像现在这么好。她鼓励了我,给了我希望,让我想要不断提高舞技。"

如果你总是批评你的孩子、配偶,或者你的员工,说他在某件事上做得不好,错误百出,没有天赋,你无疑会抹杀他们进步的动力。但是,如果你使用相反的技巧,慷慨地给予他们鼓励,告诉他们事情很容易做,让他们知道,你相信他们有能力做到,他们在这方面非常有潜能,那么他们一定会废寝忘食地练习。

洛厄尔·托马斯是一位杰出的人际关系艺术家,他经常使用这种技巧激励他人,给人勇气和信心。一个周六晚上,我到托马斯家做客。我坐在温暖的壁炉旁,他和他的妻子邀请我一起玩桥牌。玩桥牌?不,不,我不会。我对桥牌一无所知,桥牌游戏对我来说相当高深莫测,我玩不了,绝对不可能。

"为什么,戴尔,这根本不需要什么技巧,"洛厄尔说,"只需要一点儿记忆力和判断力,你写过关于记忆的文章,所以桥牌对你来说是小菜一碟。这正合你的口味。"

当我反应过来时,我发现自己已经坐在桥牌桌旁。这是我第一次打桥牌,只是因为托马斯说我在这方面有天赋,而且这个游戏很简单。

说到桥牌,我想起了埃利·克勃森,他关于桥牌的著作已经被翻译成十几种语言,销量超过100万册。然而,他告诉我,如果不是因为某位年轻女子的鼓励,相信他有这方面的天赋,他永远也不会走上这条路。

1922年,克勃森初到美国时,他试图找到一份教授哲学和社会学的工作,但他一直没有找到。

后来，他试着卖煤，但失败了。

再后来，他又试着卖咖啡，同样没有成功。

他会打桥牌，但他当时从未想过有一天会教别人打桥牌。他不仅牌打得不好，还很固执。他喜欢问问题，即使牌局结束，他也会追着人问个不停，所以没有人愿意和他一起玩。

后来，他遇到了一位漂亮的桥牌老师约瑟芬·狄龙，两人相恋并结婚。她注意到他打牌时非常擅于分析，于是夸赞他是个潜在的桥牌天才，并让他对此深信不疑。克勃森告诉我，正是约瑟芬的肯定和鼓励，促使他走上了职业桥牌之路。

有时，一点儿鼓励就能创造奇迹。克拉伦斯·琼斯是我们在俄亥俄州辛辛那提市培训课的一名老师。他向我描述了他是如何鼓励儿子，淡化错误，进而彻底改变了儿子的一生的。

戴维15岁时，来到辛辛那提和我一起生活。虽然他年龄小，但生活却很坎坷。12年前，在一场车祸中，他头部受伤，额头上留下了一道丑陋的伤疤。可能就是因为这道伤疤，学校老师认为他大脑受损，无法跟上其他同学的进度，所以他被迫留级了。现在，他才上七年级，比同龄人晚了两年。他不会背诵乘法表，算数还需要扳手指，他也几乎不识字。

唯一值得庆幸的是，他喜欢研究无线电，对机械和电气设备非常感兴趣。他将来想成为一名修理工。我非常支持他，并告诉他，要想获得资格证书，就必须学好数学。我决定帮助他学好数学。我准备了4组数学教学卡片，包括加减乘除，放在一起，随机抽取提问。如果他答对了，就把答对的卡片放到一边。如果答错了，我会告诉他正确的答案，然后放到需要复习的一堆卡片里，直到问完为止。他每答对一道题，我都会夸奖他，尤其是他将曾经做错的题做对时。每天晚上，我们都会把错题重新做一遍，并用秒表记录答题时间。我向他保证，如果他能在8分钟内答对所有题，我们就不再做了。对戴维来说，这似乎是一个不可能实现的目标。第一个晚上我们整整花了52分钟，第二个晚上48分钟，然后45分钟、44分钟、41分钟，最后不到40分钟……每次时间缩短，我都会庆祝一番。我会把妻子叫进来，拥抱戴维，一起跳吉格舞。一个月之后，戴维已经可以在8分钟内答对所有题。每当他有了一点儿进步，他都会主动要求再做一遍。他惊讶地发现，学习是一件既简单又有趣的事。

就这样，戴维的数学成绩有了很大的飞跃。学会乘法后，数学就变得简单多了。他惊喜地发现自己数学考试得了个B，这是以前从未有过的。在其他方面，他也以惊人的速度发生着改变。他的阅读能力有了很大提高，并逐渐展现出绘画天赋。那个学年快结束时，科学老师请他设计一个展品。他选择制作一系列高度复杂的模型，以证明杠杆的作用——这不仅需要绘画和建模的能力，还需要运用数学知识。他的展品在学校的科学展览会上获得一等奖，之后又获得了整个辛辛那提市的三等奖。

他成功了。这个男孩曾留级两年，被判定为"脑损伤"，在同学眼中像科学怪人"弗兰肯斯坦"，还被嘲讽"没脑子"。现在，他变得很自信，他相信自己可以学好，可以成功。后来怎样呢？从八年级下学期到高中结束，戴维的名字一直在学校的光荣榜上。高中时，他被选入全国优等生协会。当他发现学习很容易时，他的整个人生都改变了。

如果你不想冒犯或激怒他人，又想帮助他改变，让他进步，请记住：

- 原则8：
持续的鼓励能够创造奇迹。

9. 授予头衔和权力，激发下属的主动性

1915年，世界局势之混乱令美国惊骇。仅一年多的时间里，欧洲各国相互残杀，血流成河，其规模之大，状况之惨烈在人类历史上闻所未闻。世界还能回归和平吗？没有人知道。但美国第28任总统伍德罗·威尔逊决定尽力一试。他准备派遣一名亲信代表，作为和平大使出访欧洲，和欧洲各国协商。

时任美国国务卿的威廉·詹宁斯·布莱恩是一位和平倡导者，他非常想去。他觉得这是一个好机会，不仅可以为国做贡献，还可以让自己的名字载入史册。但威尔逊任命了另一个人——他的密友兼顾问爱德华·豪斯上校。豪斯上校不想冒犯布莱恩，但又不得不告诉他这个消息。

"当布莱恩听说我将以和平大使的身份出访欧洲时，他看上去非常失望，"豪斯上校在日记中写道，"他说他本打算亲自去……"

"我回答说，总统认为这次出访仅代表个人行为，因此派任何官方人士去都不是明智之举。如果您去，势必会引起广泛关

注，很多人都会猜测您去欧洲的意图……"

你听出豪斯上校的言外之意了吗？豪斯上校实际上是在告诉布莱恩，他太重要了，所以不适合完成这项任务——布莱恩对这个解释十分满意。

豪斯上校见多识广，精于世故。他遵循了一条重要的人际关系规则：让对方乐于为你做事。

伍德罗·威尔逊在邀请威廉·麦卡杜成为他的内阁成员时也遵循了这一原则。这是他能给予他人的最高荣誉，威尔逊发出邀请的方式也令麦卡杜倍感重视。麦卡杜自述："他（威尔逊）说，他正在组建内阁，如果我能出任内阁财政部长一职，他将不胜荣幸。他说话的方式令人愉悦。他让我觉得，我接受这无上的荣誉是在帮他。"

不幸的是，威尔逊并没有坚持使用这一原则。如果他将这一原则贯彻到底，历史可能会迥然不同。例如，威尔逊曾主张建立国际联盟，但遭到了参议院和共和党的反对。出席和平会议时，威尔逊拒绝让共和党杰出领袖伊莱休·鲁特、查尔斯·埃文斯·休斯、亨利·卡伯特·洛奇等人一起参加，却邀请其党内很多不知名的官员出席。在此事上，他完全把共和党人拒之门外，拒绝承认共和党人在其中做出的贡献，不让他们参与任何事务。这样简单粗暴地处理人际关系的结果就是，他不仅毁了自己的前途，身心健康也受到了严重损害。之后，美国也因此未能加入国际联盟，世界的历史进程就此发生改变。

当然，这一原则并非外交官专用。著名的双日出版社一直奉行这一原则：让对方乐于为你做事。该出版社对该原则的运用驾轻就熟,甚至连杰出的短篇小说作家欧·亨利都宣称,双日出版社拒绝出版他的小说时态度谦逊,同时表达出深切的遗憾和真心的感谢。虽然之后另一家出版社同意出版他的小说,但双日出版社给他的观感要好得多。

有人天生就掌握这一技能,但如果你了解到它的重要性,你也可以掌握它。这个原则最重要的一点是,让别人乐于为你做事,让他们从中获得认可、感谢和奖励。印第安纳州韦恩堡的戴尔·费里尔讲述了他如何利用该原则让孩子们心甘情愿做家务。

> 杰夫的任务是捡从树上掉下来的梨子,这样除草时就不用停下来了。杰夫很讨厌干这个活儿,他要么根本不干,要么敷衍了事,割草的工人不得不停下来,拾起散落的梨子。我不想为这件事和孩子大呼小叫,因此对他说:"杰夫,我们来做个交易吧。你每捡满一篮子梨,我就给你一美元。你完成任务后,只要我在院子里发现一只梨,就要扣你一美元。怎么样?"正如你所料,杰夫不仅把地上的梨子捡得干干净净,我还得时刻提防着,他把树上没熟的梨子摘下来,放到篮子里。

我认识一个人,经常有人请他演讲,其中有朋友的邀请,也有其他人的。这类邀约太多了,他不得不拒绝一些。他拒绝时,方法很巧妙,几乎不会引起对方的不满。他是怎么做到的?他不会简单告知对方自己很忙,抽不开身,而是先向对方表示自己很荣幸收到邀请,非常感谢,然后对不能接受邀请表示遗憾,之后他还会推荐另外一名演讲者给对方。换句话说，他不让对方有时间对他的拒绝表示愤怒，而是立刻将对方的注意力转移到另一个可以接受邀请的演说家上。"你为什么不邀请我的朋友克利夫兰·罗杰斯来做演讲呢？他是《布鲁克林鹰报》的知名编辑。"他可能会建议道，"或者，您有没有想过邀请盖伊·希科克？他在巴黎生活了15年，曾做过驻外记者，肯定有很多精彩的故事可以分享。"

冈特·施密特曾是我们培训课的学员。他告诉我说，他的食品店里有一名员工工作不认真，经常贴错价格标签，引起顾客不满和投诉。提醒、警告、批评……这些方法对他都没用。最后，施密特先生把这个年轻人叫到办公室，告诉他将任命他为全店价签张贴主管，负责检查所有货架上的价签是否正确。新的职责和头衔彻底改变了这个年轻人的工作态度，从此以后，他工作认真负责。

太幼稚了？也许吧。也有人这么说过拿破仑。当年，拿破仑创建荣誉军团，并向15 000名士兵颁发了荣誉军团勋章，将他的18位将军封为"法兰西元帅"，还将自己的军队命名为"伟大军团"。有人斥责拿破仑送给久经沙场老兵的勋章如同"玩具"，但拿破仑回答说："男人就是被玩具统治的。"

这种授予头衔和权力的方法拿破仑可以用，你也一样。欧内斯特·金特夫人是我的朋友，来自纽约斯卡斯代尔。有几个男孩经常在她家的草坪上玩，把草坪都踩坏了。她批评过他们，也曾试着哄走他们，但都无济于事。后来，她找到了那群孩子中最厉害的一个，给了他一个"头衔"，让他做她的"侦探"，负责赶走那些践踏草坪的孩子。她用这种方法解决了问题——这位"侦探"在后院生了一堆篝火,把烙铁烧得通红,威胁说要是谁敢再破坏草坪,就用烙铁烫他。

这就是人性。如果你想改变他人,就让他乐于为你做事,这样你就成了他的领导者,能够赋予他权力和头衔。

- 原则9:

授予头衔和权力,激发下属的主动性。

小 结　　如何拥有卓越领导力，有效激励下属

- 原则 1　在批评和否定之前，先给予对方真诚的肯定
- 原则 2　慎用"但是"，巧妙地暗示对方的错误
- 原则 3　谦虚谨慎，批评他人之前先承认自己也会犯错
- 原则 4　用提问的方式帮助下属找到解决问题的方法
- 原则 5　给下属留足面子
- 原则 6　即使是下属最微小的进步，也要由衷地称赞
- 原则 7　找到下属身上的闪光点，激发他们充分展现
- 原则 8　持续的鼓励能够创造奇迹
- 原则 9　授予头衔和权力，激发下属的主动性

附录

成功皆有捷径

洛厄尔·托马斯[①]

为了让读者更好地了解戴尔·卡内基，此版本特从原版《人性的弱点》中摘取了戴尔·卡内基的传记，供大家参考阅读。

1935年1月的一个夜晚，天寒地冻。但严寒却驱不散人们

---

① 洛厄尔·托马斯，著名新闻记者和战地记者。一战中，洛厄尔·托马斯是记录欧洲西线战斗第一人，随后又报道了中东战场的战斗。他与摄影师哈里·蔡斯合作，收集了大量材料，开创了新闻摄影的先河。他们忠实记录了1918年盟军占领巴勒斯坦和英国将军埃德蒙·艾伦比占领杰里科的战斗。大约在那个时候，托马斯遇到了当时还默默无闻的英国少校托马斯·爱德华·劳伦斯（即后来的"阿拉伯的劳伦斯"，因其在阿拉伯大起义时与阿拉伯战士一起反对奥斯曼帝国而出名）。托马斯敏锐的记者嗅觉，让他感觉到将有极不寻常的事情发生，于是和劳伦斯同行了几个月，因此有机会拍摄并记录了中东战争。

战争结束后，托马斯想做一次巡回演讲，利用自己在战争期间拍摄的照片和录像，在舞台展示战争的真相。戴尔·卡内基的演讲课非常受欢迎，因此他请卡内基帮助他增强演讲的表现力。托马斯邀请卡内基作为其业务经纪人，加入他的欧洲巡讲之旅。这一系列演讲非常成功，持续了数年。在旅行途中，他们成了好朋友，一生都保持着联系。托马斯后来成为一名杂志编辑、著名的广播播音员，并经常为剧院放映的新闻短片配音。直到20世纪70年代，他才退休。

的热情——2500 名听众聚集在纽约宾夕法尼亚酒店的大宴会厅里。7 点半,整个宴会厅已座无虚席。8 点整,热情的人们仍不断涌入。很快,宽敞的包厢里也挤满了人。最后,就连站脚的地方都很难找到。数千名商业人士经过一天的忙碌后已疲惫不堪,但即使站一个半小时,他们也要来到这里。那么,他们想要看什么?

时装表演?为期 6 天的自行车赛?还是电影明星克拉克·盖博?

都不是。这些人是被报纸上的广告吸引来的。两天前的晚上,他们在《纽约太阳报》上看到了这样一条整版公告:"学习有效演讲——领导必备技能。"

老生常谈?没错,但不管你信不信,这个世界上最发达的城市,虽然正处于经济大萧条之中,20% 的人口靠救济生活,但依然有 2500 人因为这则广告直接奔赴而来。

这些人大都来自富裕阶层,包括公司高管、老板和专业人士。

他们匆匆赶来,只为参加一场超现代、超实用的课程开课演讲——《有效演讲及其对商界人士的影响》,这门课程由戴尔·卡内基有效演讲和人际关系学院开设。

这 2500 名商界精英为何齐聚在此?

是因为经济大萧条而突然渴望接受更多的教育?

显然不是。在此之前的 24 年里,同样的培训每季都会在纽约市开设,且场场座无虚席。在此期间,超过 15 000 名商界人士和专业人士参加了戴尔·卡内基的培训课程。尽管很多人持怀疑态度，但谨慎保守的大型集团也已邀请戴尔·卡内基到公司为内部员工和管理层培训，如西屋电气公司、麦格劳-希尔出版公司、布鲁克林联合煤气公司、布鲁克林商会、美国电气工程师协会和纽约电话公司等。

这些人在小学、高中或大学毕业10年或20年后，仍选择来到这里接受培训，这本身就说明了现有教育体系令人震惊的缺陷。

成年人到底想学什么？这个问题至关重要。为了回答这个问题，芝加哥大学、美国成人教育协会和基督教青年会学校一起，历时两年，做了一份调查研究。

该调查显示，成年人最关心的是健康问题。此外，他们最感兴趣的是如何掌握处理人际关系的技巧——他们想学习如何与他人相处以及影响他人的技巧。他们不想成为公众演说家，也不想听冠冕堂皇的心理学理论，他们想要的是能够在工作、社交和家庭中立即使用的技巧。

这才是成年人想要学习的，不是吗？

"好吧，"调研人员说，"没问题。如果这是他们想要的，那我们就给他们。"

调研人员四处寻找可用的教材，却发现从来没有一本工作手册是用来帮助人们解决日常生活中遇到的人际关系问题的。

真是难以想象！几百年来，关于希腊语、拉丁语和高等数学的学术著作数不胜数，而大多数成年人对这些话题根本不感兴趣。人们真正感兴趣的，是能指导和帮助他们的课题——但他们一本相关书籍也找不到。

这就解释了为什么会有2500个成年人看到报纸上的广告后，急切涌进宾夕法尼亚酒店的宴会厅。显然，他们一直在寻找的东西终于出现了。

在高中和大学时，他们用功读书，相信知识就是获得财富和事业成功的敲门砖。

但是，在竞争激烈的商界和职场混迹几年后，他们的幻想破灭了。他们意识到，事业成功的商业人士，除了知识渊博之外，还必须善于言谈，善于说服他人接受自己的想法，善于"推销"自己和自己的观点。

他们很快发现，如果一个人想要成为领导者，获得事业成功，其人格魅力和沟通能力远比拉丁文动词知识或一纸哈佛大学毕业证书更重要。

《纽约太阳报》上的广告承诺这次会议将"非常有趣"——说的没错。

18名曾参加过这门课程的人站在扩音器前，其中15人需要在75秒内讲述他们的故事，演讲时间只有75秒。时间一到，大会主席就会敲响木槌，砰的一声，然后喊道："时间到！下一位发言者！"

整个演讲的节奏就像一群野牛在草原上轰轰奔跑，迅速而壮观。观众们完全被吸引了，他们一站就是一个半小时。

演讲者来自各行各业，他们之中有销售代表、连锁店经理、面包师、行业协会主席、银行家、保险代理人、会计师、牙医、建筑师。还有两人从外地赶来，一位是药剂师，来自印第安纳波利斯；另一位是律师，来自哈瓦那，他此行是为了准备一场3分钟的重要演讲。

首位演讲者帕特里克·奥海尔出生于爱尔兰，是盖尔人，只上过4年学，后来移民到美国，当过机械师，还做过司机。

现在的他已经40岁了，家里人口越来越多，花销也越来越大，于是他试着改行卖卡车。据他说，由于自卑，每次推销前，他都会在客户办公室门前徘徊很久，才能鼓起足够的勇气去敲门。他的销售额少得可怜，这让他失去了信心，考虑回到车间工作。就在此时，他收到一封信，信中邀请他参加戴尔·卡内基"有效演讲"培训课。

他原本不想参加，担心需要和大学毕业生打交道。他怕自己会不适应，徒留尴尬。

但与他同样绝望的妻子坚持让他来，她说："这也许对你有好处，帕特，上帝知道你多需要这样的活动！"他来之前，在人行道上站了5分钟，才鼓足勇气走进会场。

最初几次在公众面前发言时，帕特里克吓得几欲晕倒。但几个星期后，他不再惧怕观众，也越来越喜欢演讲，而且观众越多越好。他也不再惧怕和客户或上级交流，并且可以勇敢提出自己的想法。很快，他就被提拔到销售部，成为公司里富有价值且受欢迎的员工。今天晚上，在宾夕法尼亚酒店，帕特里克·奥海尔站在2500人面前，幽默风趣地讲述了自己成功的故事，赢得满堂喝彩。观众中爆发出一阵又一阵笑声。很少有专业演说家能与他的表现相媲美。

第二位演讲者是戈弗雷·迈耶，他是一位头发花白的银行家，也是11个孩子的父亲。第一次尝试在课堂上发言时，他吓得说不出话来,大脑似乎都不转了。他的故事生动地说明了沟通力对于领导者有多么重要。

迈耶在华尔街工作,并在新泽西州的克利夫顿居住了 25 年。在此期间,他很少参与社区事务,认识的人也只有 500 人左右。

在报名参加卡内基的课程后不久,他收到了自己的税单,税单上不合理的费用彻底激怒了他。往常,遇到这种情况,他可能会坐在家里大发雷霆,或者向邻居发牢骚。但这次他没有那样做,当晚,他戴上帽子,走进镇民会议厅,当众发泄了自己的不满。

因为这次慷慨激昂的演讲,新泽西州克利夫顿的民众推举他竞选镇议员。于是,一连几个星期,他奔波于各个会议之间,发表演讲,谴责镇政府各种铺张浪费的行为。

当时共有 96 名候选人参选镇议员,最终戈弗雷·迈耶以绝对优势胜出。几乎在一夜之间,他成为这个 4 万人的社区里的知名人物。因为他的演讲,他在 6 个星期内交到的朋友是过去 25 年间的 8 倍。

担任议员带来的收益,意味着他在卡内基课程上的投资每年都能收获 10 倍的回报。

第三位发言者是一家大型全国食品制造商协会的领导,他讲述了自己的故事。一开始时,他无法在董事会上勇敢表达自己的观点。

学会独立思考后,他发生了惊人的变化:他很快被推举为协会主席,经常出席各地会议并发表演讲。他的演讲被美联社摘录刊登,美国各地的报纸和商业杂志也纷纷转载。

过了两年，在掌握了更有效的演讲技巧后，他为自己的公司和产品带来的免费宣传，比以前投入 25 万美元广告费所获得的收益还要高。这位发言人承认，以前，他想都不敢想自己能和曼哈顿的知名企业高管共进午餐。但是，在他因演讲声名鹊起后，这些商界要人纷纷打电话给他，邀请他共进午餐，并为占用他的宝贵时间向他道歉。

沟通是成功的捷径。掌握了说话的技巧，就可以成为众人瞩目的焦点，远远胜过其他人。擅于沟通的人，往往被认为能力更强、更容易成功。

当下，成人教育运动席卷全国，在这场运动中最引人注目的就是戴尔·卡内基，他的成人演讲的观众和评论数比其他任何人的都要多。

根据里普利公司出版的图书《信不信由你》中的一幅漫画，卡内基评论过 15 万场演讲。如果你对这个数字没有概念，那容我提醒，这意味着自从哥伦布发现美洲大陆以来，几乎每天都有一场演讲。或者换个说法，如果每个演讲者他面前演讲 3 分钟，即使一个接一个、连续不断，他也需要夜以继日连续听 10 个月，才能够全部听完。

戴尔·卡内基自己就是一个典型的例子，他的职业生涯前后对比鲜明——这充分表明了一旦拥有了原创想法并充满热情时，一个人可以获得多么大的成就。

卡内基出生在密苏里州的一个农场，距其最近的铁路在 10 英里之外。直到他 12 岁时，才见过有轨电车。然而到他 46 岁的时候，他的足迹已遍布世界各个角落，从中国香港到世界最北部的小镇哈默费斯特,都留下了他的身影。曾有一段时间,他离北极点特别近,比海军上将伯德设立的小美利坚总部到南极点的距离还要近。

这个密苏里州的小伙子曾经靠采摘草莓和切西芹为生,每小时只有 5 美分的工钱。后来,他成为薪酬最高的培训师,向世界各大公司高管传授自我表达的艺术。

这位昔日的牛仔曾在南达科他州西部放牛,给小牛打烙印,检修牧场,后来却能够在皇室的赞助下前往伦敦演讲。

这个前 6 次公开演讲连续失败的家伙后来成了我的私人经纪人——我的成功很大程度上得益于戴尔·卡内基的培训。

年轻时的卡内基,其求学之路并不顺遂,厄运频频降临在他家位于密苏里州西北部的老旧农场:"102"河年年发大水,淹没玉米农田,冲走干草;每个季度农场的猪都会因霍乱生病或死亡,牛和骡子的市场价格跌至谷底,银行威胁要取消抵押贷款。

经受不住连番打击,卡内基的家人卖掉了农场,搬到了密苏里州沃伦斯堡,在州立师范学院附近又买了一座农场。在镇上,每天食宿只要 1 美元,但年轻的卡内基仍负担不起,于是他每天骑马 3 英里去上学,然后再返回农场。在家里,他挤牛奶,砍柴,喂猪,在煤油灯的灯光下研究拉丁语动词,直到视线模糊,困得直打瞌睡,才去睡觉。

即使半夜才上床睡觉,他也会把闹钟定在凌晨 3 点钟。他的父亲饲养的是纯种杜洛克泽西猪,在寒冷的夜晚,小猪很容易冻死。于是,他们把小猪装进篮子里,盖上麻袋,放在厨房的炉子后面。凌晨 3 点,小猪需要喝一顿奶。所以当闹钟响起时,戴尔·卡内基就从毯子里爬出来，把小猪送到妈妈身边吃奶，等它们吃完奶，再把它们带回厨房，放到温暖的火炉旁。

州立师范学院有600名学生，只有6个人付不起城里的食宿费用，其中就包括戴尔·卡内基。因为没钱，他不得不每天晚上骑马赶回农场挤牛奶。他为此感到羞愧。不合身的外套和过短的裤子也让他感到羞耻。他越来越自卑，迫切想找到一条捷径，让自己尽快出人头地。他很快发现，大学里某些团队成员非常有影响力，而且声望颇高，如足球运动员和棒球运动员，以及在辩论赛和公开演讲比赛中获胜的家伙。

卡内基知道自己没有运动天赋，因此他决定要打赢一次演讲比赛。他花了几个月的时间准备演讲。骑马往返途中，他练习演讲，挤牛奶时也在背稿子。把甘草放进谷仓时，他会在一群鸽子面前，慷慨激昂地阐述当天的话题，手舞足蹈的样子吓坏了鸽子。

但是，尽管他很认真，准备得也很充分，他还是遭遇了一次又一次的失败。他当时只有18岁，敏感而骄傲，这给了他沉重的打击，让他变得十分沮丧，心情压抑到一度想自杀。然后，突然之间，他开始赢了，不是某一场比赛，而是大学里的每一场演讲比赛。

其他同学请他帮忙培训，最后他们也都赢了。

大学毕业后，卡内基成为一名销售员，向内布拉斯加州西部和怀俄明州东部沙丘地带的牧场主推销函授课程。尽管他积极热情，但还是无法完成业绩。一天中午，他心灰意冷，中午就返回内布拉斯加州阿莱恩斯的酒店房间。他趴在床上，绝望痛苦。他想要重返校园,想要从残酷的人生战场中撤退,但是他不能。于是他决定去奥马哈看看其他工作。他没钱买火车票,所以不得不乘坐货运列车,给两车野马喂食喂水以换取车费。到达奥马哈后,他在阿穆尔公司找到一份工作,销售培根、肥皂和猪油。他负责的销售区域在南达科他州西部贫瘠的巴德兰兹地区、印第安部落和奶牛场。每次出去推销,他只能乘坐货运火车、公共马车或骑马,睡在拓荒者旅店,房间之间唯一的隔层是一块薄棉布。他读书苦学推销技巧,骑难驯的野马,和印第安人打扑克,学习如何收欠款。例如,当一个店主订购了培根和火腿却没有现金支付时,戴尔·卡内基就从他的货架上拿一打鞋子抵账,然后把鞋子卖给铁路工人,再把收到的款项交给阿穆尔公司。

他每天跟着货运火车走100多英里。当火车停下来卸货时,他就会冲到住宅区,与三四个商人碰面,洽谈业务;当汽笛一响,他又飞奔到车站,惊险地跳上已经开动的火车。

他所负责的区域销量一直垫底,在从南奥马哈出发的29条线路中,排名第25。但经过他不到两年的努力,这块贫瘠之地的销量一跃而起,位居第一。阿穆尔公司想给他升职加薪,并表扬他:"你创造了奇迹。"但他拒绝了这个提议,辞职去了纽约,到美国戏剧艺术学院学习,并参加了《马戏团的波莉》的全国巡演,在其中扮演"哈特利博士"一角。

他永远不会成为布斯或巴里摩尔这样的电影明星,他很明智地认识到了这一点。于是,他回归销售行业,在帕卡德汽车公司销售汽车和卡车。

他对机械一窍不通,也丝毫不感兴趣。他工作得非常痛苦,每天都强迫自己完成任务。他想要继续学习，实现他在大学时的写作梦想，最终他选择了辞职。他打算白天写故事和小说，晚上到夜校教书养活自己。

教什么？他回顾自己的大学经历，经过一番评估后，他发现，和大学课程相比，自己的自信、勇气、冷静以及为人处世的技巧多源自公开演讲时接受的培训，后者给予他的比大学所有课程加起来还要多。因此，他强烈希望纽约的基督教青年会学校给他一个机会，为商界人士开设公开演讲课程。

什么？把商界人士培养成演说家？听上去太荒谬了。基督教青年会学校曾开设过类似的课程，无一不以失败告终。他们拒绝支付他每晚2美元的薪水，所以卡内基同意以提成的方式教课，并从净利润中抽成——如果真有利润可拿的话。事实是，3年中，根据协议，他们每晚付给卡内基的提成高达30美元，而非2美元。

越来越多人想上这门课。一开始其他基督教青年会的学员听说了，然后是其他城市的学员。戴尔·卡内基很快成名，他开始巡回演讲，足迹遍及纽约、费城、巴尔的摩，后来又去了伦敦和巴黎。很多商界人士觉得现有的相关书籍过于学术性，不切实际，于是纷纷慕名来听卡内基的演讲。正因为如此，他自己写了一本书，名为《公开演讲和影响商界人士》。该书最终成为基督教青年会、美国银行家协会和全美信贷从业者协会的官方教材。

戴尔·卡内基宣称，任何人在愤怒时都能口若悬河。他说，在城里，即使是最无知的人，你一巴掌打到他下巴上，把他打倒在地，他也会立刻跳起来，滔滔不绝，慷慨激昂地表达愤怒，其能言善辩程度，就连世界著名演说家威廉·詹宁斯·布莱恩在其职业生涯的巅峰时期也无法匹敌。他还指出，几乎任何人都可以在公众面前侃侃而谈，只要他有自信、有创意、有想法。

戴尔·卡内基宣称，培养自信的最佳方法就是去做让自己害怕的事情，积累经验，直至成功。因此，他要求每位学员在每节课上公开发言。每个人都非常赞同，因为大家处境相同。通过不断的练习，学员们变得勇敢、自信、充满激情，这些特质也延续到了他们的私人谈话中。

据戴尔·卡内基说，多年来，他赖以谋生的并非教授公开演讲的技巧——那是附带的，他的主要工作是帮助人们克服恐惧，鼓起勇气。

起初，他只是开设了一门公共演讲课程，来上课的都是在职场打拼的人士，男女都有。他们中的许多人已经30年没有进过教室了。大多数人用分期付款的方式支付学费。他们希望能够立刻见到成效——最好是学习后，第二天就能与人轻松地洽谈业务或者自在地当众讲话。

所以，他的课必须快捷实用。为此，他研发了一套独特的训练体系——将公共演讲、推销技巧、人际关系和应用心理学融合在一起，取得了惊人的效果。

卡内基的课程没有一成不变的规则，它灵活有趣，且实用性强。

课程结束后，毕业生自发成立了俱乐部，每两周聚会一次，年年如此。费城的一家俱乐部共有19名学员，他们约定在冬季每月聚会两次，持续了17年，从未间断。有些学员需要通勤50

英里甚至上百英里来上课，还有一名学员为了听课，每周都要往返于芝加哥和纽约之间。

哈佛大学的威廉·詹姆斯教授曾经说过，人类大脑潜能目前只开发了 10%。戴尔·卡内基帮助职场人士开发其自身潜能，发起了成人教育史上最重要的运动之一。

洛厄尔·托马斯
1936 年

拓展阅读

戴尔·卡内基所述原则与时俱进，读完此书，依然有很多现代事例和故事可以赋予你灵感，助你成长。继续阅读，可访问www.howtowinfriends.com，卡内基训练的讲师和《人性的弱点》的读者无私分享了他们的读书心得，以及书中原则如何对他们的生活和工作产生巨大影响。

- 分享你的经验
- 从他人身上获得灵感
- 掌握技巧，让自己更有效率

戴尔·卡内基培训课程概述

行动起来!

个人 | 团队 | 组织

戴尔·卡内基课程的技巧和专业知识均经过多年实践证明,效果立竿见影。

帮助你实现个人突破,改善人际关系,提高团队绩效,扩大企业影响力,重塑企业文化。

通过戴尔·卡内基训练,我们已帮助成千上万的组织和个人掌控他们的事业和未来。

沟通 | 销售与服务 | 领导力展示 | 激活组织

面对面培训——由经过认证的教师当面授课,提供有趣、高质协作课程。全球超过200家分店,遍布80多个国家,使用30多种语言授课。

在线直播——一流的讲师,完善的训练计划,将各行各业的人们聚在一起,解决复杂挑战,提高生产力,获得成功。全球使用30多种语言授课。

eVolve——现代混合式学习体验的核心是 eVolve。简单、精美的用户界面将数字虚拟、在线直播和面对面培训无缝衔接，助力你的学习。通过社会协作、互动工具和世界级培训师的支持，开创培训新时代。

无论是参加面对面培训、在线直播，还是定制课程，提升戴尔·卡内基课程体验，一切尽在 eVolve。

卡内基训练课程：有效沟通与人际关系

无论你是初入职场，还是打算再攀新高，戴尔·卡内基课程提供的方法都可以帮助你改善心态，提升技能，拓展个人素质和专业能力，取得进步，走向成功。本课程旨在帮助你增强信心，提高领导能力，有效规划自己未来的人生和职业。

- 建立自信，培养领导力
- 增强为人处世技能，加强团队包容性
- 增强沟通技巧，逻辑清晰，简洁明了。唤起听众热情，使其积极参与，认真倾听
- 培养领导技能，掌控自己的人生。注重灵活创新，激励他人采取行动
- 及时调整心态，缓解压力，成就最好的自己

戴尔·卡内基领导力课程

高效领导者可以预知自己的行动带来的后果和可能发生的意外，因此他们会审慎考虑行为造成的影响。他们知道，营造积极氛围，可以激励团队，促使他们做出最大贡献。

- 开发你的领导潜能，无须事事亲力亲为，应引导他人行动
- 领导力培训结果：激发他人潜能

震撼力演讲班

优秀的沟通能力是专业人士必备的最重要技能之一。高效沟通者能够准确地从繁杂信息中提炼要点，并传递给他人，引导、影响和激励他们。震撼力演讲班侧重于构建有效演讲体系，清晰传递信息，令人心服口服，赢得信任，吸引观众。学员有机会探索如何通过声音和手势的完美结合，留下持久的印象，同时了解从正式演讲到非正式会议或有争议的谈话等各种演讲风格。

优势销售培训

学习如何在相互信任和保持价值共识的基础上，建立富有成

效的关系。这种关系成立的前提条件是，卖家能够真正理解客户需求，向客户有效提问，认真倾听他们的心声，找出客户内心隐藏的需求。卖方不可能总是以价格取胜，在这样的环境中，专注于客户真正的需求很重要，这样才能确保交易达成。戴尔·卡内基特有的销售模式和流程适用于任何销售文化，任何风格的销售人员都可以轻松驾驭。销售关系和其他关系一样，都离不开付出和收获，而重点在于付出。

- 通过关系销售法取胜
- 场景销售

欲了解更多面对面培训、在线直播和定制课程，请访问：
www.dalecarnegie.com